9ª edição
Do 8º ao 11º milheiro
3.000 exemplares
Janeiro/2017

© 2002 - 2017 by Boa Nova Editora

Capa
Rafael Sanches

Diagramação e projeto gráfico
Juliana Mollinari

Revisão
Alessandra Miranda de Sá

Tradução
Vicente Paulo Nogueira

Assistente Editorial
Ana Maria Rael Gambarini

Coordenação Editorial
Ronaldo A. Sperdutti

Todos os direitos estão reservados.
Nenhuma parte desta obra pode ser reproduzida ou transmitida por qualquer forma e/ou quaisquer meios (eletrônico ou mecânico, incluindo fotocópia e gravação) ou arquivada em qualquer sistema ou banco de dados sem permissão escrita da Editora.

O produto da venda desta obra é destinado à manutenção das atividades assistenciais da e da Sociedade Espírita Boa Nova, de Catanduva, SP.

ROMANCE

WERA KRIJANOWSKAIA

Na Fronteira

Instituto Beneficente Boa Nova
Entidade coligada à Sociedade Espírita Boa Nova
Av. Porto Ferreira, 1.031 | Parque Iracema
Catanduva/SP | CEP 15809-020
www.boanova.net | boanova@boanova.net
Fone: 17 3531.4444 | Fax: 17 3531.4443

Sumário

Prefácio 7

A origem russa e Ivan III 15

Um pouco de História 17

Capítulo 1 19

Capítulo 2 35

Capítulo 3 49

Capítulo 4 69

Capítulo 5 85

Capítulo 6 101

Capítulo 7 121

Capítulo 8 135

Prefácio

Era a tarde do dia 21 de julho de 1982, quando entramos na Biblioteca Pública de Leningrado (São Petersburgo), após percorrer, sem sucesso, as casas de livros antigos da Avenida Nevsky.

O objetivo era localizar as obras mediúnicas da escritora russa Wera Ivanova Krijanowskaia, médium do Espírito Rochester, e obter informações que pudessem clarear a história dessa fenomenal médium de escrita automática.

Após consultar o catálogo geral e nada encontrar, solicitamos ajuda à bibliotecária, que se empenhou em buscar outro fichário de referência que daí a instantes estava às nossas vistas, contendo citações de várias obras inéditas. Em seguida, fomos a Moscou, onde realizamos um trabalho de pesquisa bibliográfica e conseguimos localizar a maioria das obras existentes no idioma russo, além das referências de obras, infelizmente, desaparecidas ou talvez nunca publicadas.

Quanto à médium escritora, não obtivemos nenhuma informação sobre a existência de parentes ou amigos.

Temos, portanto, escassas informações acerca da vida de Wera Krijanowskaia ou Krijanowski, como ficou conhecida no idioma francês. O tradutor de *A Vingança do Judeu* para o idioma português relata, no prefácio da obra, que o Espírito John Wilmot, Conde de Rochester (1647-1680), escolheu e preparou a médium desde a infância, a fim de cumprir a tarefa de propagação das verdades espirituais que o Espiritismo divulga e esclarece, e que sua mediunidade, segundo pôde saber por revistas europeias, consistia, principalmente, da escrita mecânica, cujo automatismo lhe era tão peculiar que sua mão traçava as palavras com uma rapidez vertiginosa e uma inconsciência completa das ideias, narrando acontecimentos históricos desde épocas bastante remotas, com rara minúcia, incomum beleza e autenticidade ímpar. Relata também que a jovem Wera era filha de família russa muito distinta e que, não obstante ter recebido uma sólida instrução no Instituto Imperial de São Petersburgo, não se aprofundou em nenhum ramo de conhecimentos.

Os editores da Livraria Espírita Boa Nova, o casal Ibsen, receberam, há muitos anos, a visita de um senhor polonês que conheceu pessoalmente Wera Krijanowskaia, tanto na opulência como na miséria. Relatou que Wera foi rica e tinha até secretária. Encontrou-a, certa manhã, a recolher imensa quantidade de folhas de papel, ajudada pela secretária, inclusive caindo pelas escadas, repletas de palavras em péssima caligrafia que ela havia escrito durante a noite toda em completo estado de inconsciência ou sono profundo. Wera não se lembrava de nada e colocava as folhas em ordem, decifrando o que estava escrito.

Ocorriam, também, fenômenos físicos em sua casa, que muito impressionavam os amigos. Havia um Espírito que se materializava na presença dela e prometia destruir sua vida, caso não parasse de publicar seus romances. Às vezes ocorriam explosões e objetos despencavam ao solo sem causa aparente. Esse mesmo senhor viu Wera na miséria percorrendo as ruas e perguntando às pessoas se conheciam seus livros, tentando reeditá-los. Seu intento fracassou e sua filha faleceu de tuberculose, sob o rigoroso inverno eslavo. Não devemos nos esquecer de que aqueles eram tempos de fome e de revolução. A Sociedade Científica de Espiritismo de Paris publicou uma mensagem mediúnica de Rochester no prefácio da obra *Episódios da Vida de Tibério*, em francês, onde ele afirma que muitas narrativas completariam sua obra mediúnica e que a última a aparecer seria *Memórias de um Espírito Errante*, na qual encontraríamos a descrição da última encarnação dos autores do drama secular de suas obras, que estariam encarnados na Terra nesse período.

O tradutor da versão brasileira de *A Vingança do Judeu* (FEB, 1920) cita uma relação de obras – sem referir a fonte de informação – na qual aparecem os seguintes títulos em francês:

1) *O Festim de Baltazar*;
2) *Saul, o Primeiro Rei dos Judeus*;
3) *O Sacerdote de Baal*;
4) *Um Grego Vingativo*;
5) *As Fraquezas de um Grande Herói*;
6) *O Barão Ralph de Derblav*;
7) *Diana de Saurmont (A Noite de São Bartolomeu)*;
8) *Dolores*;
9) *O Judas Moderno*;
10) *Memórias de um Espírito Errante* – diversos volumes.

Infelizmente, conseguimos localizar apenas *Diana de Saurmont*, com o título de *A Noite de São Bartolomeu*, na edição russa de 1896. As outras não foram encontradas em nossas pesquisas nas principais bibliotecas da Europa.

Gostaríamos de agradecer à senhora I. C. Grigorieva, da Biblioteca Pública Estatal, a M. C. Saltykov-Schedrin, de São Petersburgo (Leningrado), e B. P. Kanevsky, da Biblioteca Pública

Estatal, V. I. Lênin, de Moscou, Rússia, que colaboraram conosco no envio das obras existentes no acervo soviético, em regime de intercâmbio cultural, recebendo em troca obras de literatura contemporânea brasileira e arte nacional.

José Roberto B. Martinez

Seguem abaixo os títulos das obras de J. W. Rochester, psicografadas por Wera Krijanowskaia, descobertas até a presente edição, publicadas ou não.

Na primeira coluna aparecem os títulos em português, seguidos da editora, caso tenham sido editados. Na segunda aparecem os nomes dos originais russos (letra normal) e franceses (itálico), com a data de publicação logo a seguir, entre parênteses.

Título Editora	Título Original Russo (data) *Título Original Francês (data)*
Abadia dos Beneditinos, A Editora Lake	Benediktinskoe, Abbatsvo (1908) *L', Abbaye des Bénédictins*
Barão Ralf de Derblay, O	*Le Baron Ralph du Derblay*
Bem-Aventurados os Pobres de Espírito Boa Nova Editora	Blejennie Nichtchie Durhom (1933)
Castelo Encantado, O Editora do Conhecimento	
Chanceler de Ferro, O – FEB Chanceler de Ferro do Antigo Egito, O	Jelezny Kantsler Drevnego, Egipta (1914) *Le Chancelier de Fer de L'Antique Egypte*
Cobra Capela Lúmen Editorial	
Confissões de um Condenado Lúmen Editorial	Pokayavchyssya Pazboinik (1909)
Das Trevas à Luz	Iz Mpaka K Cvetu
Do Reino das Sombras Lúmen Editorial	(1929)
Dolores Editora do Conhecimento	*Dolores*
Duas Esfinges, As Lúmen Editorial	Dva Sfinkssa (1900)

E os Mortos Vivem	I Mertvye Jivut
Elixir da Longa Vida, O Boa Nova Editora	Elikcir Jizni (1923) – *L'Elixir de Longue Vie – Les Immortels sur la Terre (1929)*
Episódio da Vida de Tibério Editora Lake	*Épisode de la Vie de Tibère (1885)*
Espírito do Mal, O	Eloi Durh
Etéreo, O – (O Invisível)	Letun
Faraó Menerphtah, O Editora Lake	Faraon Mernefta (1907) *Lê Pharaon Mernephtah*
Feira dos Casamentos, A Correio Fraterno	Torjichtche Braka *La Foire Aux Mariages (1892)*
Feitiço Infernal Boa Nova Editora	Adskie Tchary
Festim de Baltazar, O	*Le Festin de Balthazar*
Filha do Feiticeiro, A	Dotch Kolduna
Flor do Pântano, A Boa Nova Editora	Bolotny Tsvetok (1929)
Fraquezas de um Grande Herói	*Les Faiblesses D'um Grand Héros*
Herculanum – FEB Herculanum – Editora Lake	Gerkulanum (1895) *Herculanum (1888)*
Ira Divina, A Boa Nova Editora	Gnev Bojy (1917)
Judas Moderno	*Le Judas Moderne*
Laço da Morte, O Lúmen Editorial	Mertvaya Petlya

Legisladores, Os Boa Nova Editora	Zakonodateli (1916)
Lenda do Castelo de Montinhoso, A (Sob o Poder do Passado) – Editora Lake	Vo Vlasti Prochlago
Luminares Tchecos, Os Boa Nova Editora	Svetotchi Tcherhy (1915)
Magos, Os Boa Nova Editora	Magi (1910)
Memórias de um Espírito Errante	*Memories D'um Espirit Errant*
Morte do Planeta, A Boa Nova Editora	Smert Planety (1911)
Na Época do Natal	Pod Rojdestvo
Na Fronteira Boa Nova Editora	Nà Rubeje (1901) *"A La Frontiere"*
Naema, A Bruxa Editora Lake	Narhema *Nahema*

Narrativas Ocultas
Boa Nova Editora
  – Amor, O
  – Cavaleiro de Ferro, O
  – Em Moscou
  – Morte e a Vida, A
  – Noiva do Amenti, A
  – Do Céu à Terra
    (Satã e o Gênio)
  – Urna, A
	Récits Occultes
	
	– *L'Amour (1901)*
	– *Le Chevalier de Fer (1901)*
	– *Na Moskve (1906)*
	– *La Morte el la Vie (1897)* – Jizn I Smert
	– *La Fiancée de L'Amenti (1892)*
	– C, Neba na Zemlyu (1903)
	  Satan et le Génie
	– *L'Urne (1901)*

No Castelo da Escócia – Lúmen Editorial No Castelo Escocês – Editora do Conhecimento	(1929)
No Planeta Vizinho	Na Socednei Planete (Riga-Letônia)
No Reino das Trevas	B Tsarstve Tmy

Noite de São Bartolomeu, A Boa Nova Editora	Varfolomeevskaya Notch (1986) *"Diana de Saurmont"*
Nova Era, A Lúmen Editorial	Novyivek
Num Outro Mundo Editora do Conhecimento	B Inom Mire (1910)
Paraíso sem Adão, O	Rai Bez Adama
Reckenstein, Os Boa Nova Editora	Rekenchtelny (1894)
Romance de uma Rainha – Vols.1 e 2 (Rainha Hatasú, A) – FEB	Tsaritsa Rhatassu (1894) *La Reine Hatasou (1891)*
Sacerdote de Baal, O	Le Prêtre de Baal
Saul, O Primeiro Rei dos Judeus	*Saul, Premier Roi des Juifs*
Servidores do Mal, Os (Os Servos do Inferno) – Editora do Conhecimento	(1904) *Les Serviteurs de L'Enfer*
Sinal da Vitória FEB	Sim Pobedichi (1893) – *In Hoc Signo Vinces (Tu Vaincras Par ce Signe)*
Teia da Aranha, A	Pautina (1908)
Templários, Os Editora do Conhecimento	(1904)
Terrífico Fantasma, O – Lúmen Editorial Terrível Fantasma, O – Ed. Conhecimento	
Um Grego Vingativo	*Un Grec Vindicatif*
Vingança do Judeu, A FEB	Mest Evreya (1893) *La Vengeance du Juif (1890)*
Vizinhos, Os	Socedi

A origem russa e Ivan III

O povo (russo) sobre o qual Ivan reinava eram os eslavos orientais, unidos por uma língua comum e pelo cristianismo ortodoxo, mas que até o século XV não tinham contado com um governante soberano. Um Estado russo próspero, centrado na cidade de Kiev, situada perto do rio Dnieper – que corre para o mar Negro –, florescera no século XI, mas se fragmentara mais tarde em principados independentes. Este e os territórios vizinhos foram invadidos no século XIII por tribos mongóis da Ásia e, durante 150 anos, seus governantes permaneceram vassalos da Horda Dourada, um império mongol situado no baixo Volga, ao norte do mar Cáspio.

Mas, no final do século XIV, o domínio mongol estava em decadência e Moscou – mencionada pela primeira vez pelos cronistas (históricos) como uma fortaleza às margens do Moskva, um afluente do rio Oka – tornara-se o centro militar, político e espiritual do povo russo oprimido. Em 1380, um exército moscovita derrotou os mongóis.

Moscou devia sua proeminência à posição estratégica no coração de uma rede fluvial entre as terras de florestas densas do norte e as estepes nuas do sul. Lucrava com o comércio de peles com a Crimeia e beneficiara-se com uma série de governantes sagazes que haviam feito dela a sede da Igreja Ortodoxa; diante do declínio mongol, aproveitou para se expandir e fundar um novo Estado russo. Ivan III, que chegou ao poder em 1462 e se tornou conhecido como Ivan, O Grande, subjugou os principados rivais de Tver, Yaroslav e Novgorod, além de conquistar mais territórios em guerras contra a Lituânia e a Livônia, no Báltico. Ele batalhou continuamente para realçar o status de Moscou aos olhos do mundo: casou-se com a sobrinha de Constantino XI, último imperador bizantino, concedeu-se o título de "czar de toda a Rússia" e reivindicou para os soberanos de Moscou uma descendência direta do imperador romano Augusto. A palavra "czar", que significa governante independente, era contração eslava de "César".

... Um pouco de história

*"O humilde conhecimento
de si próprio é uma via mais
segura para chegar
a Deus que as investigações
profundas da ciência."*

"Era um maravilhoso dia de junho do ano de 1500."
  Assim começa a tempestuosa história contada por Rochester em Na Fronteira. Era o último ano do século XV, e a Europa passava por um dos períodos mais turbulentos e importantes da História.

17

O que era a Europa nessa virada de século, nesses anos em que a chamada "Idade Média" ia ficando para trás? Em que contexto político-religioso podemos situar esta história?

De um panorama geral, procuramos inicialmente selecionar referências históricas do período. A menos de dois meses antes da data inicial de nossa história, o Brasil fora "descoberto" oficialmente; em 1492, apenas oito anos antes, Colombo chegara à futuramente denominada América, e os espanhóis terminavam a reconquista ibérica com a rendição de Granada. Na Inglaterra, 1485 marca o fim da Guerra das Duas Rosas e a subida dos Tudor ao poder. Ivan III, o Grande, assume o poder na Rússia em 1462, afirmando de maneira decisiva e definitiva a independência do Estado russo. Em 1453, finalmente os turcos haviam conquistado Constantinopla, único bastião restante do outrora brilhante Império Bizantino, enquanto no Ocidente encerrava-se a Guerra dos Cem Anos entre França e Inglaterra. Muitos outros acontecimentos de importância política poderiam ser ressaltados, mas esses já realçam a intensidade do período.

O comércio, por sua vez, voltara a se expandir com grande força. Portugueses e espanhóis lançavam-se ao mar, venezianos e genoveses ainda sustentavam seu poderio econômico, já mais ameaçado. No continente, as ligas de comércio criavam novas rotas comerciais e intensificavam-se as trocas. As cidades cresciam e multiplicavam-se. O mundo, ainda que predominantemente rural, já era mais urbano.

Nas artes, Leonardo da Vinci acabava de pintar *A Última Ceia* e Michelangelo Buonarroti apresentava a sua *Pietá*. O famoso renascimento artístico do século XVI já mostrava suas primeiras maravilhas.

Grande responsável pela intensificação das relações no novo mundo que se apresentava, Johann Gutenberg, um alemão, inventava a prensa de tipos móveis. O mundo nunca mais foi o mesmo depois disso.

Na religião, as oposições e os conflitos estavam a ponto de estourar. Vivíamos o final da fase chamada de "Pré-Reforma" ou "Primeira Fase da Reforma".

Capítulo 1

Era um maravilhoso dia de junho do ano de 1500. Por volta das seis horas da tarde, pelo rio Narov, ia uma pequena embarcação impulsionada por dois remos. Nela viajavam quatro pessoas adultas e uma criança.

Em um dos bancos, estava sentada uma jovem e formosa mulher de mediana estatura, suave, delgada e graciosa; mais parecia uma jovem entre 16 e 17 anos que a mãe daquele menino forte, sentado ao seu lado. Embora seus traços não ressaltassem uma beleza clássica, seu encantador sorriso, sua boca levemente desenhada, mostrando uma fileira de dentes brancos como pérolas, sobressaíam pela luz suave que o sol despejava em seu rosto. Os olhos castanhos – grandes e profundos – denotavam uma tristeza tranquila, porém imensa.

O vestido de lã branca ajustava-se bem ao talhe esbelto. O decote quadrangular no peito era ornado por uma fita azul aveludada. Na cintura, caía uma corrente de ouro com uma bolsa azul. Sua cabeça estava adornada com um pequeno gorro preto de veludo, sob o qual apareciam formosos cabelos dourados caindo até abaixo dos joelhos. O menino, forte e grande para sua idade, era moreno, com traços marcantes e os cabelos pretos como as asas de um corvo; no todo, não se parecia nada com a mãe. Somente os olhos grandes, escuros e pensativos lembravam os olhos da jovem mulher.

Diante deles, ia sentada uma anciã vestida de escuro, com um alto gorro preto. Seu rosto enrugado mostrava bondade. Os olhos pequenos de cor verde-cinzenta refletiam esperteza e energia. Conversava a meia voz com o menino.

Na embarcação iam também um velho escudeiro e um armeiro. Levavam grandes espadas e punhais; no fundo da embarcação, aos seus pés, jaziam arbaletas[1].

A jovem mulher seguia calada. Olhava pensativamente, à medida que se acercavam da margem do rio, junto a Narva, ora para a alta torre da igreja – cujo campanário se tornava dourado em virtude dos raios do sol –, ora para a fortaleza – que se elevava orgulhosamente –, em frente da qual, por estar muito próxima, os guerreiros podiam atirar flechas de um lado a outro. Enquanto os olhos da jovem mulher observavam as torres circulares e grandes da sombria e ameaçadora vizinha Narva, um leve suspiro, quase imperceptível, saiu de seu peito. Seis anos atrás, o grande príncipe russo Ivan III construíra, justamente em frente à fortificação dos cavaleiros livônios, a fortaleza de fronteira, denominada por ele de Ivangorod.

As terras de triste memória da Estônia e da Livônia estavam envolvidas em sangue. Suecos, dinamarqueses, Ordem Teutônica e russos disputavam-nas entre si, e as hostes inimigas, uma após outra, alastravam-se sobre elas como uma corrente

---

[1] Arbaleta: mesmo que balestilha (instrumento usado pelos navegadores para medir a altura). Provavelmente a usavam para medir a profundidade do rio, a fim de não encalhar a embarcação. (Nota da editora.)

avassaladora. A construção de Ivangorod não agradara a nenhum cavaleiro. Cinco anos atrás, precisamente no ano de 1495, os suecos haviam caído desesperadamente sobre a fortaleza, tomando-a, matando grande parte de seus defensores e reduzindo-a à metade.

Sem perder a esperança de poder conservar os frutos daquela vitória, não obstante a distância, os suecos haviam proposto ao grão-mestre da Ordem tomar, sob seu domínio, Ivangorod, o que foi negado, pois os cavaleiros haviam firmado com Moscou um tratado de paz que, por diversas razões, não queriam que fosse revogado naquele momento. Então, os suecos, em seus barcos, haviam abandonado a fortaleza, carregando seus tesouros e partindo para a Escandinávia.

Os russos, com denodo, tinham-na reconstruído, aumentando e fortalecendo as fortificações e enviando para lá o dobro das forças armadas.

Não seria esse o passado tormentoso que ressuscitava na mente da jovem mulher ao olhar para as duas cidades vizinhas? Apesar de sua juventude, muitas cenas tristes haviam passado diante de seus olhos, muito sangue fora derramado, muitos gritos desesperados de morte ela ouvira.

Nesse momento, um ruído de remos e algumas vozes a tiraram de seus pensamentos. Na direção deles, vinha outra embarcação, aparentemente de Ivangorod.

Na pequena embarcação de dois remos estavam duas pessoas que, pelas vestes, se poderia deduzir que eram russas, "moscovitas", como – com ódio – as denominavam em Narva.

O traje rico, feito com peles caras, as botas amarelas de couro e a arma com incrustações de pedras preciosas de um deles mostravam sua origem boiarda[2]. Era uma pessoa jovem, bonita e delgada. Sua poderosa figura aparentava força e seus grandes olhos cinzentos denotavam valentia e doçura. Sentado diante dele, ia um jovem de constituição hercúlea, levando um

---

[2] Boiardo: senhor feudal; grande proprietário de terras nos países eslavos, especialmente na Rússia e nas províncias danubianas da Europa central, cujo título nobiliárquico era inferior apenas ao dos príncipes reinantes. (Nota da editora).

falcão na mão. Um sorriso sarcástico apareceu em seu rosto ao ver os alemães, que o observavam com desconfiança.

O jovem boiardo inspirava paz; visivelmente assombrado, olhava para o rosto da bela mulher, que, com timidez, baixou os olhos.

– Que jovem formosa! Gostaria de saber quem é ela – disse ele, dirigindo-se ao companheiro e dando uma volta, para acompanhar com o olhar os alemães em sua embarcação.

– Feliz boiardo, posso atender-te. Se não me engano, aquela deve ser a esposa do cavaleiro Barenkhaupt. Pelo menos, o menino é a cara dele!

– Quer dizer que o menino se parece com ele? – perguntou o boiardo, com um leve sorriso.

– E aquele que está junto ao leme é um cão velho alemão que conheço. Trabalha como escudeiro de Barenkhaupt.

– Sim? De onde o conheces?

– Sabes, da última vez, quando quiseste ir a Moscou, os nossos rapazes brincavam praticando tiros e, sem querer – o jovem deu uma piscada e sorriu zombeteiramente –, foram parar na cidade. Mataram um, feriram outro e, para completar todos os pecados, acertaram a cabeça de um terceiro. Por esse fato, se fez um grande barulho, e os cidadãos mandaram uma comitiva para Ivangorod. Entre eles, estavam o cavaleiro Barenkhaupt e seus escudeiros.

– Imagino que não vieram lamentar o espancamento de pessoas inocentes – observou o boiardo. – Mas, continua, Nikita!

– Enquanto os cavaleiros escolhidos foram ao encontro do voivoda[3], permaneci no pátio com os criados e começamos a conversar, fazendo muitas perguntas. Lá eu soube que aquele velho tonto se chamava Khristofor e trabalhava como escudeiro para o cavaleiro Barenkhaupt. Os nossos, a princípio, estavam gentis, mas como a canalhada alemã tencionava "erguer a crista", olhando torto para nós, reagimos dirigindo-lhes diversos palavrões. Eu mesmo passei uma rasteira em

---

[3] Voivoda: comandante militar ou governador de cidade ou província em vários países eslávicos. (Nota da editora.)

Khristofor, que caiu, esborrachando o nariz, que se empapou de sangue. Por pouco não morreram de ódio, por não poderem dizer nada – terminou Nikita, todo satisfeito.

Nesse instante, a barca atracou, e Nikita, acompanhado do boiardo, saiu para a margem. O interesse despertado pela instrução do jovem falcão, por algum tempo, fê-los esquecer o encontro e a conversa no rio.

Na embarcação alemã, o encontro com os moscovitas provocara uma desagradável impressão. Os homens estavam com o cenho franzido e o rosto de Khristofor inflamara-se. Com um olhar indignado, inclinou-se, pegou a arma e fez pontaria. Teria atingido o jovem Nikita, não fosse a intervenção da esposa do cavaleiro Barenkhaupt.

– Khristofor! Perdeste o juízo? Queres iniciar uma briga quando me conduzes? – ela o deteve.

O velho escudeiro reconsiderou, abaixando a arma.

– Seria um cão moscovita a menos e pronto! – resmungou. Em seguida continuou: – E logo estaríamos seguros na fortaleza, antes mesmo que eles adivinhassem de onde partiu a flecha.

– Não importa! Proíbo-te provocações durante a ausência de meu marido.

O escudeiro não respondeu. A jovem mulher não deu atenção aos seus resmungos entre os dentes:

– Chegará o tempo em que lhes devolverei todas as ofensas e desonras lançadas sobre mim. É preciso somente esperar e ter paciência. Estou certo, um dia conseguirei.

O barco atracou e a jovem mulher, a criada, a criança e ambos os soldados subiram por um caminho abrupto, que conduzia aos portões estreitos, abertos na muralha da cidade.

No tempo em relato, Narva era constituída de duas partes bastante distintas entre si: a cidade propriamente dita e – separado dela por um fosso profundo – o castelo, onde residia o delegado da Ordem com os cavaleiros.

Rosalinda e sua comitiva passaram por várias ruas e, finalmente, entraram numa casa situada perto da administração da cidade. A casa era uma grande construção de madeira com uma pequena torre pontiaguda em um dos lados. Sobre a porta, havia o escudo do cavaleiro, representado por uma cabeça de urso sobre um fundo azulado.

A jovem mulher subiu a escada de madeira e entrou num grande cômodo ao lado da torre e da sala de serviços, que era, ao mesmo tempo, seu quarto de trabalho e o dormitório do menino. A decoração era um misto de exuberância com um toque de simplicidade rústica.

A mobília era simples, de madeira e sem quaisquer adornos. Somente na poltrona da dona da casa, com um alto espaldar, e na arca comprida entalhada, que servia também de divã, existiam almofadas de seda verde.

Numa pequena sala redonda, na torre, havia uma segunda poltrona com almofadas, adornada com marfim, uma roca, um bastidor e uma mesinha, na qual estavam alguns livros de conteúdo espiritual.

Ao término do jantar, quando o menino já dormia, Rosalinda ordenou à sua velha criada, Irina, que tirasse a mesa e saiu para a torre, onde, depois de sentar-se junto à janela aberta, se entregou a seus sonhos. Meditava sobre sua vida passada e as lembranças apagadas, parcialmente, pelo tempo, subitamente ressurgidas, em face do encontro com o jovem boiardo, reavivando sua memória.

A vestimenta do boiardo e algumas frases ouvidas haviam-na feito sentir o coração bater mais forte. Nunca abandonara o amor pela pátria, da qual fora afastada para sempre. Rosalinda, por origem, era russa, e somente o capricho da guerra a fizera tornar-se esposa de um cavaleiro alemão.

Em 1483, no mesmo ano do acordo de paz entre russos e livônios, os alemães haviam realizado uma incursão nos limites de Barenkhaupt Novgorod, pilhando e incendiando tudo o que estivesse em seu caminho.

Durante essa incursão, haviam saqueado e capturado, entre outros, um comboio constituído de algumas telegas[4] carregadas

---

[4] Telegas: antiga carroça de quatro rodas puxada por bois ou cavalos, usada na Rússia para o transporte de carga. (Nota da editora.)

com objetos diversos, e entre elas uma carreta que lembrava uma carruagem utilizada naqueles tempos para viagens das mulheres da alta nobreza.

Depois de desesperada resistência, a numerosa e bem armada escolta do comboio fora exterminada. Tal destino provavelmente ocorreria também às mulheres, se uma das prisioneiras, inesperadamente, não houvesse conquistado o coração do chefe do bando.

O comboio fora capturado pelo cavaleiro Konrad Levental, um homem ainda jovem, mas – em virtude do espírito da época – severo e sanguinário, cuja natureza ardente não fora dominada sequer pelas normas da Ordem.

Enquanto atacavam o comboio e as pessoas eram mortas, o cavaleiro se aproximara da carruagem, na qual estavam, apavoradas, uma jovem mulher, de surpreendente beleza, duas servas e uma menina pequena, de aproximadamente seis anos.

Logo na primeira olhada para a jovem mulher, cujos grandes olhos negros miravam-no com ódio e horror, Konrad Levental ficara derrotado por sua beleza. Entretanto, acostumado a dominar-se, com aparente indiferença iniciara o interrogatório.

A jovem senhora comunicara orgulhosamente que era Anna Mikhailovna Lodygin, esposa do boiardo de Novgorod, que a criança era Olga, filha deles, e que uma das servas, de nome Irina, tinha sido ama de leite da menina. Ela fora visitar o pai, gravemente enfermo, e agora estava retornando ao marido, que, se soubesse sobre sua captura e da filha, certamente pagaria rapidamente o resgate exigido.

O cavaleiro respondera que entraria em negociações sobre o resgate assim que retornassem a Livônia e colocassem "as queridas polaquinhas" no devido lugar.

Depois, o destacamento, em marcha acelerada, dirigira-se para a Livônia. No caminho de lá, encarcerara Anna Mikhailovna Lodygin com a filha e as servas num castelo fortificado, situado nas cercanias de Haspal.

Konrad Levental simulara que mandara avisar o boiardo Andrei Semenovitch Lodygin sobre a captura de sua esposa e de sua filha no mesmo dia em que isso acontecera. O cavaleiro se apaixonara loucamente por sua prisioneira e não tinha nenhuma intenção de devolvê-la ao marido. Apesar do desespero terrível e da total resistência da jovem mulher, ela tornara-se sua amante.

Anna se considerava morta e caíra numa profunda apatia. Entretanto, apesar do desregramento dos costumes daquele tempo, a um membro da Ordem era proibido manter abertamente para si uma mulher prisioneira. Konrad Levental instalara-a, então, na casa da irmã, viúva do cavaleiro Barenkhaupt, cegamente fiel ao irmão e possuidora de uma moral bastante complacente.

Após dois anos de cativeiro, Anna morrera, mas antes fizera Konrad prometer que devolveria Olga ao pai e que nunca a separaria de sua ama de leite.

Apesar da promessa, a pobre Olga não foi enviada a Novgorod. O cavaleiro Levental a endeusara como a forma viva da mulher pela qual se apaixonara loucamente e resolvera que não podia, de forma alguma, separar-se da menina.

Desejando prender ainda mais Olga para si e romper, definitivamente, com seu passado, ele a obrigara a converter-se ao catolicismo, dando-lhe o nome de Rosalinda.

A viúva Barenkhaupt, irmã do cavaleiro Levental, era uma beata fanática e por todos os meios auxiliava e amparava a intenção do irmão. Olga, com apenas dez anos, era muito pequena e medrosa para lhes fazer oposição.

Mas, se Levental não cumprira a primeira parte da promessa, a segunda ele mantivera rigorosamente, não permitindo separar Irina de sua pupila, não obstante todas as tentativas de sua irmã em persuadi-lo. Instintivamente, Matilde, sua irmã, sentia ser indispensável afastar a mulher, inimiga mortal deles, pois, caso contrário, todos os esforços de transformar Olga numa autêntica alemã seriam infrutíferos, assim como seu catolicismo e a educação germânica seriam falsos envoltórios que, ao mínimo esforço, iriam se esvair como fumaça.

Irina era uma mulher sábia, enérgica, corajosa e extremamente patriótica.

Com todas as forças de sua alma, odiava os alemães, começando pelo cavaleiro e por sua irmã. Porventura não fora aquele "cão sórdido" – como do fundo de sua alma ela denominava Levental a razão de estar separada do filho e do marido, da infelicidade e da morte de sua jovem senhora? "E agora, ele, além de envenenar com sua arrogância a alma de minha querida pupila, privando-a de seu nome, sua fé e inclusive da lembrança de seu pobre pai, quer fazê-la inimiga da santa Rússia!", pensava a ama de leite, indignada. "Mas eu atrapalharei seus planos infames, e, enquanto for viva, Olga permanecerá russa e ortodoxa!", concluía a mulher em seus pensamentos.

Para a efetivação de seus intentos, Irina tomara as seguintes medidas: graças à capacidade peculiar dos povos eslavos de conquistar linguagens alheias, ela aprendera o alemão e, aparentemente, falava com prazer nessa língua. Além disso, conseguira fazer ótimas relações com toda a criadagem e, pouco a pouco, com seus zelos e lealdades aos novos senhores, granjeara a simpatia, não só do cavaleiro, como também de sua irmã desconfiada.

Quando haviam batizado Olga, mudando seu nome para Rosalinda, Irina não expressara nenhum descontentamento, ou mesmo uma pequena mágoa; ao contrário, falara que, se a criança tivesse que lá viver, seria indispensável acostumar-se aos hábitos e à religião da sua nova pátria.

Porém, no silêncio da noite, diante de um pequeno ícone de Nossa Senhora, Irina, todos os dias, religiosamente, reverenciava a Rainha do Céu, e, com lágrimas, suplicava para que sua pupila não fosse castigada por ter renegado compulsoriamente a sua fé.

A corajosa mulher acabara alcançando o objetivo almejado. Todas as desconfianças haviam esmaecido; ninguém suspeitava de que a Irina alegre, bondosa, prestativa – e aparentemente contente com seu destino – era o inimigo inclemente que reduzia a nada os esforços de germanizar Olga e apenas esperava a ocasião propícia para fugir com sua menina.

Sob pretexto de melhor cuidar da criança, Irina dormia sempre no mesmo quarto com ela. Quando todos em casa dormiam, a ama, por horas inteiras, falava baixinho com a menina em sua língua natal, descrevia-lhe o passado, reavivando na criança a lembrança dos irmãos e do pai bom, bonito e amoroso. Contava sobre as cerimônias solenes e maravilhosas de sua Igreja e fazia Olga compreender que, no fundo de sua alma, deveria ser ortodoxa e odiar aqueles que haviam retirado dela seu Deus, seu pai, seu nome e sua pátria. Além disso, advertia a menina para que nunca revelasse suas conversas secretas, pois se o fizesse as duas seriam separadas rapidamente.

Essa ameaça era o suficiente para desenvolver na menina a dissimulação. Ela amava muitíssimo sua ama e aquelas conversas eram seu entretenimento favorito. A menina esperava impacientemente as noites e as horas matutinas, quando, com devoção, oravam perante uma pequena cruz de ouro, com a qual sua mãe a abençoara e usara até a morte. A pequena Olga crivava a ama de perguntas a respeito do pai, dos irmãos e dos parentes, e indagava sobre a bonita casa paterna com grandes jardins.

À medida que Olga fora crescendo, as conversas haviam mudado de tema. Irina, sem pena, desvendara o papel abominável desempenhado em suas vidas pelo cativeiro Levental, que, em vez de honrosamente devolver, por bom resgate, as prisioneiras que acidentalmente haviam caído em suas mãos, conduzira até a morte sua mãe querida, que não pudera suportar o opróbrio e a separação do marido, por ela intensamente amado.

Graças a essa influência, no coração de Olga nascera um ódio abafado, mas profundo. Externamente calma, dócil, uma verdadeira alemã pelo idioma e pelas maneiras, intimamente odiava todos os teutões, inclusive a religião imposta, cujas cerimônias cumpria aparentemente, sem esquecer de que era filha da Igreja Grego-Ortodoxa.

Como Irina, também desejava ardentemente fugir e retornar a Novgorod, mas os anos se passaram e o intento desejado não se realizara. Olga não saía para lugar algum sem acompanhantes, não porque desconfiassem dela, mas porque assim exigiam aqueles tempos conturbados. Viagens distantes de forma alguma eram feitas, e deixar o castelo furtivamente era inconcebível, uma vez que todas as saídas estavam cuidadosamente protegidas.

Olga – ou Rosalinda – entrara já nos 16 anos, quando a chegada inesperada ao castelo do filho único de Matilde, Henry Barenkhaupt, mudou de imediato seu destino.

O rapaz havia aprendido artes militares na casa de um parente em Riga, onde vivera alguns anos. Por ocasião das breves visitas que fizera à mãe naqueles anos, ele dera pouca atenção à menina magra e calada, sua educanda. Daquela vez, porém, vira uma jovem maravilhosa como uma flor a desabrochar e por ela enamorara-se perdidamente.

Apesar da frieza e da discrição de Olga, o jovem cavaleiro decidira casar-se com ela. A princípio, Matilde fora radicalmente contrária à intenção do filho, pois sonhava para ele uma pretendente mais brilhante; porém Henry, inesperadamente, encontrara em seu tio um aliado. A influência que Levental exercia sobre a irmã acabara fazendo com que cada oposição da parte dela fosse vencida e, finalmente, o casamento fora permitido.

A Rosalinda ninguém pedira opinião; Matilde fora persuadida de tal forma, que considerava o casamento de seu filho uma bênção para a órfã, pela qual ela, por toda a vida, deveria ser grata a Deus. A mínima dúvida com relação a isso era tomada como uma ofensa pessoal. Até mesmo os pequenos protestos da jovem eram considerados como uma simples expressão de recato de donzela. Mas Henry, cego de paixão, pensava unicamente em apressar o casamento.

Plenamente consciente de sua impotência e indignada até o fundo da alma, Olga tivera que ceder. Exigira somente do noivo o juramento de que ele nunca a separaria de Irina, com o que Henry concordara.

Sete anos se passaram após o casamento. O matrimônio também não lhe trouxera felicidade. Henry Barenkhaupt era um jovem irritável e de caráter duro; sua grosseria e sua aspereza com relação às pessoas e aos animais que o rodeavam indignavam e incomodavam a jovem mulher. Ela começou a temer o marido; sem contradizê-lo, obedecia-o, mas não o amava. Rosalinda sentia-se bem somente quando Henry, procurador de aventuras por natureza, saía para incursões afastadas, de onde retornava sempre, carregado de aquisições que oferecia à jovem esposa, contando de maneira franca cada passo das histórias ocorridas durante suas aventuras.

Mais ou menos quatro anos depois do casamento de Henry, aconteceu uma revolta de camponeses. As agitações, na verdade, tinham sítios definidos, mas, não obstante, muitos castelos sofreram ataques inesperados, foram saqueados e seus proprietários, exterminados.

Também o castelo dos Barenkhaupt foi sitiado. Somente o retorno do cavaleiro salvou-o da ruína. Rosalinda, o filho e os criados salvaram-se por pouco, graças à intervenção de Khristofor indicando-lhes uma passagem subterrânea secreta; porém, essa fuga custou a vida de Matilde.

Depois desse acontecimento, por conselho do tio Konrad, Henry transferiu a família para Narva. Lá, sob a defesa de uma fortaleza, ela estaria bastante segura. Além disso, ele tinha amigos entre os irmãos da Ordem e fortes laços na cidade.

Rosalinda viu a mudança com indiferença. Ela já não pensava mais em fugir; não amando o marido, fez do cotidiano sua ocupação e abrandou seu ódio. Ela adorava o filho; toda a ternura e o amor que transbordavam em seu coração haviam sido transferidos para a criança.

Irina, ao contrário, estava fora de si de felicidade. Afinal, iria ficar perto dos seus; com o coração palpitante, olhava para as torres volumosas de Ivangorod, atrás das quais começava a Santa Rússia. "Daqui, possivelmente, encontrarei um meio de entrar em contato com os russos e fugir com Olga e a criança", pensava a mulher.

Mas o destino parecia não favorecer seus planos. Nesse mesmo ano da mudança para Narva, Ivangorod foi capturada e pilhada pelos suecos. Depois, durante a restauração da fortaleza, de ambos os lados, observava-se tal perigo que Irina, de modo algum, conseguia levar adiante a realização de seus sonhos secretos: dar notícias suas à pátria ao lado. Mas ela não era dessas mulheres que param diante de tais ninharias. Tendo esperado, impacientemente, por 12 anos, não custava aguardar ainda um pouco mais. Finalmente, sua perseverança foi coroada de êxitos: ela encontrou um intermediário.

A noite caíra. A lua, com sua luz prateada e sonolenta, iluminava o dormitório, o vestido e os cabelos loiros da jovem mulher sentada junto à janela aberta.

Irina entrou. Ela estava descalça; um xale listrado, de algodão, cobria sua cabeça grisalha. Aproximando-se, em silêncio, ela tirou Rosalinda de sua meditação.

– Vieste avisar-me de que já é tarde e é hora de dormir? – perguntou a jovem com um sorriso, levantando-se da poltrona. Mas Irina, negativamente, balançou a cabeça e, sentando-se no banco junto às suas pernas, murmurou:

– Não, minha querida! Vim para comunicar-te uma notícia muito importante. Teu pai está vivo!

– Como soubeste disso? – impacientemente, interrompeu Olga, pálida. – Será que ele sabe que vivo aqui? – acrescentou ainda, num tom de voz mais baixo.

– Até agora, não sabe de nada. Vim para que, juntas, discutamos a melhor forma de avisá-lo sobre nós e de pedir-lhe que nos liberte deste infortúnio. Agora, escuta como a Santa Virgem atendeu às minhas súplicas e mostrou-me a salvação. Conheces Salomão, o judeu que negocia tecidos, pedras preciosas e especiarias estrangeiras?

– Conheço! Henry comprou dele aquele brocado rosa com listras prateadas que me deu de presente na última Páscoa.

– Exatamente. Dele sempre compro também pães e frutas cristalizadas para ti e Otton, teu filhinho. Salomão vive numa viela, perto da murada, onde tem sua venda. Três meses atrás, fui até lá para fazer umas compras e encontrei Rebeca, mulher de Salomão, em lágrimas. Perguntei-lhe o que a amargurava tanto e Rebeca disse-me que seu filho único, o pequeno Davi, caiu doente de febre rubra; o médico alertou-a de que, caso a doença atingisse a cabeça, a criança morreria. No momento, pensei: "Nada mal, será um judeu intragável a menos sobre a face da Terra"; mas, no mesmo instante, creio eu, a própria Mãe de Deus colocou-me no coração pena de Rebeca. Como sabes, conheço simpatias para a tal febre; disse, então, à judia que poderia libertar o menino da morte cruel, mas, para isso, teria que orar ao nosso Salvador, Jesus Cristo. "Suplica... reza para quem quiseres... desde que Davi fique vivo. Não foi um Deus único que nos criou?", retrucou ela. Fiz promessas e o menino sarou! Desde aquele dia, os judeus, simplesmente, não sabiam como agradecer. Ontem, eu comprava para ti uma guloseima, quando Rebeca me levou ao quartinho dos fundos, onde Salomão e Davi me presentearam com um maravilhoso xale de lã, tão colorido que de longe se notava. Agradeci pelo presente e, conversa vai, conversa vem, nossas línguas se soltaram. Soube, então, que Salomão vai a Novgorod regularmente. Tu mesma podes imaginar como estremeci ao ouvir isso! Comecei a fazer perguntas, e ele revelou-me que teu querido pai vive, mora na antiga casa e, não faz muito tempo, Salomão lhe vendeu uma peça de feltro e tecidos importados. Convenci Salomão a comunicar a Andrei Semenovitch que estás viva e, depois, nos trazer uma resposta; disse-lhe que vosso paizinho é um boiardo, que o recompensaria generosamente pela alegre notícia. Salomão concordou e combinamos que, na próxima semana, eu levaria uma carta tua e alguma lembrança para teu paizinho. Penso que melhor seria dar o anel de rubi de tua falecida mãezinha.

Durante a narração de Irina, Olga ora empalidecia, ora corava.

– Para que tudo isso? – murmurou baixinho. – Meu pai me queria de volta, mas Henry nunca concordou e nem mesmo nos permitiu avistar-nos.

– Oh! Nós nos arranjamos sem a permissão dele.

– O que estás falando, Irina? Estou casada e não concordarei nunca em abandonar Otton.

– Por que abandonar? Levaremos a criança e poderemos educá-la na fé ortodoxa. Permite-me somente cuidar dele e tudo sairá bem.

Irina, com entusiasmo, começou a convencer Olga, refutando suas objeções, ressuscitando na alma da jovem mulher todas as recordações da infância e despertando-lhe o rancor, oculto, que sentia pelo marido. No final das contas, quando as duas se entenderam, Irina levou consigo um bilhete de Olga para o pai e o anel de sua falecida mãe, trancando-os no cofre.

Capítulo 2

Passados alguns dias, Henry Barenkhaupt retornou a Narva. Olga, como sempre, estava sentada junto à janela e seu coração batia melancolicamente, quando o cavalo murzelo[1] parou na entrada; o marido, descendo dele, fez uma saudação com a mão.

Após um minuto, Henry apertou num abraço a jovem esposa e, tomando pela mão o pequeno Otton, levantou-o até o teto, sorridente de alegria.

Pálida de aflição, Olga, sem forças, deixou-se cair na poltrona.

Henry era um homem alto e magro. Musculoso, queimado pelo sol, com um nariz aquilino, seu rosto inspirava vontade firme e severa. Nos olhos negros, cintilantes, brilhava algo

---
[1] Murzelo: mouro, africano;, diz-se do cavalo negro. (Nota da editora.)

de demoníaco. As maçãs salientes do rosto e a boca larga, com dentes brancos e agudos, denotavam uma paixão rude e grande teimosia. No geral, era um homem de ferro, tanto no sentido físico como moral, ardente, brusco e vingativo; de natureza extremamente ativa, era absolutamente incapaz para uma existência calma e vivia eternamente à procura de aventuras, perigos e sensações novas.

Henry amava loucamente a mulher e idolatrava o filho, mas esses sentimentos traziam em si o estigma da austeridade habitual e congênita do caráter.

Com a chegada do amo, todo o esquema de vida na casa mudava totalmente. Banquetes e bebedeiras se alternavam, pois Henry gostava de beber e comer bem, e os outros cavaleiros, tanto os leigos como os irmãos da Ordem, de bom grado compartilhavam seu gosto.

Durante essas semanas, Olga ficava com o espírito desassossegado. Ora se atormentava pela traição ao marido, ora se ofendia por alguma palavra severa ou pelo procedimento rude com a criança, e assim, com impaciência, aguardava uma resposta do pai, almejando retornar à pátria.

Presenciando, na qualidade de senhora da casa, os banquetes oferecidos pelo marido, Olga era constrangida a ouvir toda a sorte de ofensas que espalhavam sobre seus compatriotas, uma vez que, nas conversas, o assunto principal girava sempre em torno dos moscovitas, tidos pelos livônios como "cascas de ferida". Os cavaleiros reclamavam do atrevimento dos inimigos, que haviam ousado instalar-se a dois passos de Narva e não perdiam ocasião de zombar ou causar aborrecimentos aos alemães. Inclusive as damas se queixavam dos russos, culpando-os pelo aumento dos preços dos gêneros alimentícios. Às vezes, era mesmo difícil conseguir os produtos de primeira necessidade, pois os camponeses dos arredores preferiam levar sua produção para Ivangorod, confiando que os russos pagavam mais, pechinchavam menos e, de um modo geral, eram compradores mais agradáveis que os cavaleiros e cidadãos de Narva.

As reclamações sobre essa situação, dirigidas ao grão-mestre da Ordem, haviam resultado em decretos que obrigavam a população circunvizinha a levar seus produtos para Narva e vendê-los exclusivamente ali – e somente para os alemães –, e proibiam, sob ameaça de castigo severo, qualquer relação com Ivangorod. Porém, é sabido que tais medidas nunca alcançam seus objetivos, e, assim, os camponeses livônios continuaram a fornecer provisões à fortaleza russa, a despeito do grande descontentamento dos senhores de Narva.

As queixas dos homens alvejavam, principalmente, o jovem boiardo russo com quem, um ano antes, na casa do velho voivoda de Ivangorod, haviam-se reunido.

Seu atrevimento e sua atitude desdenhosa dispensada aos odiosos vizinhos haviam exasperado os alemães até a ira. Pela descrição, Olga reconheceu nele a pessoa que vira com o falcoeiro no caminho de volta da peregrinação à pequena capela, situada a duas horas de viagem de Narva. A lembrança do belo boiardo e da maneira encantadora como a miravam seus grandes olhos brilhantes e bons fez Olga estremecer, e todos os insultos a ele dirigidos pareciam-lhe ofensa contra ela mesma.

Uma noite, quando Henry banqueteava-se com os cavaleiros no castelo – e, como de costume, não deveria retornar antes da aurora –, Irina foi ao quarto de Olga e, ajoelhando-se, sussurrou-lhe ao ouvido que Salomão voltara de Ivangorod.

Com a voz entrecortada pela emoção, contou que, a princípio, a notícia inesperada sobre a filha estarrecera o velho voivoda. Depois, voltando a si do torpor, ele longamente interrogara o judeu e, ao saber do destino da própria esposa, morta prematuramente, enfurecera-se terrivelmente. Porém limitara-se a dizer a Salomão: "Transmita à minha filha que encontrarei um meio de avistar-me com ela e arrancá-la-ei do cativeiro infame".

Salomão me contou que o teu paizinho recompensou-o regiamente, dando-lhe um saco cheio de ouro. "Não é assim", disse-me ele, "que procedem os desprezíveis cavaleiros, que compram fiado nossas mercadorias e depois as pagam com pontapés" – disse Irina. E continuou: – Também meu velho Andrei está vivo e, ainda como antes, continua a serviço do boiardo. Meu filho Piotr tornou-se um bravo guerreiro. Ambos mandaram-me lembranças – terminou a mulher, em lágrimas.

Olga corou ouvindo a ama. Seu coração estremeceu e a figura do pai surgiu com clareza em sua mente; a ideia de que o veria de novo e de que toda a sua vida, talvez, se desenrolasse de outra forma fez com que a perturbação e o medo do futuro se apoderassem dela. Toda a noite ela não pôde cerrar os olhos e ficou bastante satisfeita ao ver que o marido, ao voltar para casa, estava um pouco embriagado e nem notou sua inquietude.

Algumas semanas se passaram; notícias da Rússia não chegavam, de modo que as dúvidas começavam a afligir Olga e Irina. Eis que, inesperadamente, Irina encontrou Salomão, que lhe falou que, dali a dois dias, exatamente no dia da feira, se ela e sua patroa fossem fazer compras em sua tenda, lá ficariam sabendo de algo muito importante.

Irina voltou para casa como que inebriada; o tempo, parecendo-lhe uma eternidade, arrastava-se até o momento em que poderia falar com Olga a sós, sem testemunhas.

Olga, a princípio, assustou-se com a ideia de ir à casa do hebreu, mas não ir talvez significasse perder para sempre a oportunidade de entrar em contato com o pai. E, além do mais, as circunstâncias eram-lhe extraordinariamente favoráveis. O marido partiria no dia seguinte, levando consigo Khristofor, a única pessoa em quem ela não podia confiar. Por isso, depois de pensar bem, resolveu tentar a sorte.

No dia proposto, Olga e Irina primeiramente foram à igreja; de lá, não chamando atenção, mas também não se ocultando, dirigiram-se à venda do hebreu. No pátio da casinha onde vivia Salomão havia uma telega desatrelada com legumes e verduras.

Feitas as compras, o hebreu disse-lhes que, havia pouco tempo, tinha recebido do exterior muitos tecidos raros e convidou sua nobre compradora e sua serviçal a examiná-los no quarto ao lado.

Olga concordou, e o amável negociante conduziu-as ao quarto vizinho, onde estavam à mostra várias peças de fazenda. Nem bem a porta se fechou atrás deles, apareceram dois homens com roupas de camponeses livônios. Um deles se aproximou rapidamente de Olga e, durante um minuto, observou-a com curiosidade; depois, abraçou-a, cobrindo-a de beijos.

– Minha querida criança! Quantos anos me afligi, lamentando tua morte, e eis que Deus, por um milagre, devolve minha filhinha.

Apesar do disfarce, da mudança e da aparência externa do pai, Olga reconheceu-o e abraçou-o fortemente.

O companheiro do boiardo, interrompendo as manifestações afetuosas, devolveu ao momento seu importante caráter de urgência. Começou, então, uma conversação curta, na qual Andrei Semenovitch declarou à filha que resolvera, irrevogavelmente, trazê-la de volta à casa paterna, juntamente com seu filho, e que esperava vingar-se severamente dos afoitos sequestradores de mulheres e crianças, que as haviam despojado de sua honra e de sua fé. Além disso, recomendou-lhe aguardar com calma os acontecimentos. No caso de quaisquer novas orientações, ele comunicá-las-ia por intermédio de Salomão.

Depois de agradecer a fidelidade e dizer ainda algumas palavras carinhosas a Irina, que beijava suas mãos, o velho boiardo apressadamente se despediu da filha.

Olga sentia-se como num sonho. Reconhecera no companheiro do pai o jovem boiardo que vira no barco, e agora, sob seu olhar ardente e encantador, percebia que em seu coração batia um sentimento misteriosamente indefinido, nunca antes experimentado.

Retornou para casa sem obstáculos, não despertando suspeitas a ninguém sobre o encontro secreto, nem sobre a presença corajosa dos russos em Narva. Quando, depois de três semanas, Barenkhaupt voltou para casa com os frutos de sua viagem, Olga já se continha inteiramente, mas agora em sua alma um novo mundo se formara, que mais ainda a separava do marido.

Ela desprezava cada ato, cada palavra de Henry, que se lhe havia tornado abominável. Notava, com suscetibilidade doentia, fatos para os quais antes não dava nenhuma atenção. Involuntariamente, comparava o marido com o jovem voivoda acompanhante de seu pai, cujo nome agora ela sabia: Ivan Andreievitch Kolytchev-Tchorny, e a comparação era sempre desfavorável a Barenkhaupt.

Não podia recordar sem uma profunda emoção o olhar claro e bom do jovem boiardo, seu sorriso franco e sua voz sonora. Naqueles instantes, a voz rude do marido e seu olhar severo e sombrio inspiravam nela uma verdadeira repulsa.

Cada vez mais impaciente, Olga esperava sua libertação, mas sua impaciência era submetida a provações: muitos meses se passaram e nem de seu pai, nem de Ivan Andreievitch chegara qualquer notícia que indicasse medidas para sua libertação.

No outono do ano de 1501, inesperadamente, correram rumores de que os regimentos russos invadiriam a Livônia, tomando de assalto e saqueando vários castelos. Tentariam ocupar Derpt, para depois se infiltrarem nos limites de Narva.

Ivangorod também aderiu ao movimento; então, as desavenças foram retomadas e os desafios insolentes começaram a incomodar os habitantes de Narva. Por sua vez, a Ordem e a cavalaria livonianas, tanto a secular como a monástica, puseram-se, ativamente, a preparar o rechaço à invasão.

Henry Barenkhaupt participou ardentemente de todas as batalhas. Considerando que a família estava em segurança, protegida pelas muralhas da cidade, ele acompanhou tio Konrad a uma incursão distante. Porém, ao saber que os russos concentravam, aparentemente, suas forças em volta de Narva, foi obrigado a retornar à cidade.

Uma vez, passados alguns dias após a volta de Henry, numa noite de novembro, ruídos fortes e sons de cornetas anunciaram que algo de anormal acontecia na cidade.

Eram os russos, que de todos os lados chegavam a Narva. Na cidade crescia o tumulto. Todos os que estavam em condições de empunhar armas lançavam-se para as muralhas. A batalha seguia desesperadamente: os defensores da cidade debatiam-se junto às muralhas, estraçalhavam-se pelos becos estreitos, mas era impossível resistir ao furioso ataque dos inimigos. Os defensores de Narva tremiam e fugiam largando as armas, e os russos os perseguiam pelos calcanhares, abatendo-os impiedosamente. Os cavaleiros com seus guerreiros, que a princípio não cediam um palmo de terra sem combate, começaram a se afastar para o castelo; mas depois, acuados pela frente e pela retaguarda, em desordem correram para fora da cidade, abandonando os infelizes habitantes e seus bens à sanha dos invasores.

Na batalha encarniçada com o inimigo sanguinário, era difícil ter piedade. Inclemente, era abatido qualquer um que caísse em suas mãos. Além disso, na cidade irrompera um incêndio, cujo fogo – acelerado pelo vento – rapidamente se espalhara, envolvendo grande parte do município.

A chama vermelha das casas ardentes, com sua luz sinistra, iluminava o horrível espetáculo pirotécnico.

Henry debatia-se como um louco. Ouvindo o toque de retirada, não se juntou aos cavaleiros que fugiam; reunindo seu pessoal, pegou alguns guerreiros e cidadãos armados e correu para casa, a fim de salvar a esposa e a criança, ou morrerem todos juntos.

As ruelas estreitas estavam cheias de adversários. De todos os lados ouviam-se lamentos e gemidos desesperados de mulheres, crianças e combatentes feridos, em alternância com os gritos vitoriosos dos soldados invasores, carregados de pilhagens.

Quando, ainda de longe, Barenkhaupt viu sua casa também envolta em chamas, seu coração apertou-se melancolicamente. Com a espada, abriu caminho e logo se encontrou com seu destacamento diante da casa, cujo telhado chamejava.

De dentro, ouviam-se gritos e tinidos de armas. Khristofor, evidentemente em desespero, defendia-se dos russos que haviam invadido a residência e, em ataque maciço, escalavam todas as janelas.

Sem considerar que seu capacete fora quebrado por um golpe de machado, e que ele mesmo estava ferido, Barenkhaupt, intrepidamente, lançou-se em socorro da esposa. Com a espada, abriu atrás de si um caminho de sangue e, em alguns saltos, encontrou-se no topo da escada, já enegrecida pela fumaça, irrompendo no quarto de Olga.

O quarto estava cheio de gente e nele reinava um barulho incrível. Os seguranças da casa debatiam-se pelos cantos, defendendo Rosalinda, que – parada junto à parede – apertava contra si o filho. Ela estava pálida como um linho; os cabelos desfeitos pela desordem cobriam-na como uma capa dourada.

No minuto em que Henry irrompeu no quarto, Khristofor caiu gravemente ferido e o soldado russo que o golpeara lançou-se em direção a Olga, erguendo-a nos braços e gritando:

– Minha presa!

Nisto, um grito selvagem escapou da boca de Henry. Como um tigre, o marido de Rosalinda lançou-se levantando a espada para o raptor. E certamente o golpearia de morte, se Ivan Andreievitch Kolytchev-Tchorny – era ele o guerreiro – não desse um salto para trás, soltando dos braços a jovem mulher, que, com um gemido, caiu ao solo.

Entre Kolytchev-Tchorny e o cavaleiro travou-se uma luta sangrenta e impiedosa. Olga, ajoelhada, apertando os braços contra o peito, com os olhos arregalados de terror, observava os combatentes. Coberto de sangue, enegrecido pela fumaça e pelo calor, desfigurado pelo ódio e pelo rancor diabólico, o rosto de Henry estava simplesmente terrível; Kolytchev-Tchorny, à sua frente, lutava com calma e sangue-frio, quesitos que lhe davam uma grande vantagem sobre o adversário.

Eles continuavam a lutar, não obstante o ruído do incêndio e das telhas que caíam, indiferentes à fumaça densa e acre que enchia o quarto.

Com desespero na alma, Henry sentia que fraquejava. Por mais de duas horas lutara infatigavelmente, perdendo muito sangue. Pela primeira vez na vida, recusava-se a sustentar a espada. Somente uma incitação misteriosa ainda o mantinha de pé. Os ouvidos zumbiam, e a cada momento uma névoa preta nublava seus olhos.

Kolytchev-Tchorny utilizava habilmente sua superioridade sobre o inimigo. Compreendendo que as forças de seu adversário se exauriam, ele somente o cansava. Depois, percebendo o instante adequado, aplicou, no ombro do cavaleiro ferido, um golpe tão intenso que Henry largou a espada, estatelando-se no solo. No pensamento que se extinguia, ainda vivia uma ideia: se morresse, o vencedor se apossaria de Rosalinda; então, um ciúme selvagem fez com que, em um átimo, seus sentidos se reavivassem devolvendo-lhe forças e energia. Levantou-se e viu, claramente, que o boiardo arrastava sua esposa para a janela, na qual, pelo lado de fora, estava encostada uma escada.

Henry, reunindo toda a força que lhe restava, arrancou rapidamente um punhal do cinturão e, correndo em direção a ela, cravou-o em seu flanco. Olga, desfalecendo, virou-se de costas, e Barenkhaupt, depois de receber um tremendo golpe na cabeça, desabou no chão.

Já não viu mais como Ivan Andreievitch, levantando o corpo imóvel de Olga, desapareceu com ela pela janela. Pouco depois, alguns soldados do cavaleiro, aproveitando que os russos inesperadamente se haviam retirado, correram para o quarto e, sem considerar que a escada se incendiava, retiraram Henry e Khristofor. Mal conseguiram dar cem passos, quando o telhado desabou, espalhando, ao longe, carvão fumegante e uma chuva de centelhas.

A casa de Barenkhaupt ardia como uma fogueira colossal.

Quando Olga abriu os olhos, notou que estava num quarto abobadado, desconhecido para ela. Sentia uma fraqueza terrível e uma dor aguda no flanco. Cada lembrança sobre os trágicos acontecimentos ocorridos apagara-se por completo de sua memória. Com um olhar cansado, examinou o ambiente; no canto, estavam dependuradas grandes imagens com adornos prateados e dourados; a luz suave da lâmpada brincava sobre as pedras preciosas que enfeitavam as coroas, emoldurando os rostos clássicos de Cristo e Sua Divina Mãe.

De repente, viu Irina sentada ao lado da cama e um sentimento de doce tranquilidade invadiu sua alma. Fechou os olhos e adormeceu imediatamente.

Ruído de vozes despertaram Olga.

Ela já se sentia mais animada e logo reconheceu o pai, que se inclinava em sua direção.

Ele tinha a cabeça enfaixada e um braço na tipoia. Sua expressão transbordava contentamento e felicidade.

Ela abriu os olhos.

— Médico! Veja o ferimento que o cão raivoso fez nela! — disse o boiardo, beijando a filha.

Depois, afastando-se, cedeu lugar a um velho magro e enrugado, vestido de negro, à moda alemã.

As palavras do pai imediatamente reavivaram a memória de Olga.

— Tem calma, minha querida. Teu filho está aqui, vivo e saudável. Enquanto Ivan Andreievitch se debatia com aqueles bandidos, o marido de Irina o trouxe. Meu netinho é um bom menino. Passa o dia inteiro brincando com o velho Andrei; tornaram-se amigos. Agora, está no pátio e diverte-se brincando de arqueiro. O médico não lhe permite passar por aqui para não perturbá-la; tu precisas de calma e silêncio. Agora, vamos ao curativo, Olenka; e, depois, dorme um pouco.

Ao terminar o curativo, o velho boiardo e o médico saíram. Olga, cansada, porém feliz, dormiu um sono profundo e alentador.

O golpe infligido à esposa teria sido mortal se Henry fosse senhor absoluto de suas forças; mas, felizmente, seu braço não foi pesado e a ferida, embora séria, possibilitava a esperança de recuperação.

Olga convalescia mais rápido do que se esperava. Sentia reanimar-se física e moralmente, afastando da memória os últimos acontecimentos e a figura rude do cavaleiro Barenkhaupt. Somente agora tudo se lhe aclarava e entendia o quanto o odiava.

Ela ainda não vira Ivan Andreievitch; embora não tivesse coragem de perguntar ao pai sobre seu paradeiro, pensava muito nele. Finalmente, ficando a sós com Irina, decidiu indagar se o boiardo estava ferido e se ainda se encontrava em Ivangorod.

A velha, com um sorriso malicioso, olhou para o rosto corado de Olga e respondeu:

– Foi ferido, mas agora, graças a Deus, se recupera. Como vamos partir, minha querida pombinha, logo poderás vê-lo.

Depois, Irina contou como o voivoda havia querido avisá-las, por intermédio de Salomão, para que saíssem da casa assim que o ataque dos russos começasse. Um destacamento de guerreiros as esperaria num local indicado e rapidamente as conduziria a Ivangorod. Mas esse plano fora de impossível realização, pois, com a aproximação dos russos e a possibilidade de cerco, os cidadãos de Narva haviam exigido a expulsão dos judeus, nos quais não confiavam. Além disso, o portão da cidade era tão vigilantemente guardado, que não houvera nenhuma possibilidade de penetrá-la.

Alguns dias se passaram. Fortemente emocionada, Irina comunicou a Olga que tinha visto Salomão, que acabara de chegar de Narva. O hebreu noticiou-lhe a provável morte de Barenkhaupt e a transformação da casa dele em escombros, em decorrência do incêndio que a queimara inteiramente, até os alicerces. A notícia trazida por Irina afligiu Olga, e ela rezou fervorosamente pelo descanso da alma do finado marido. Mas, depois de passada a aflição, começou a enxergar aquela morte como a libertação que lhe abriria a possibilidade de iniciar uma nova vida.

Ela se encontrou com Ivan Andreievitch e ficou sabendo de um detalhe de sua vida. O jovem boiardo era viúvo e tinha, do primeiro casamento, um filho de três anos e meio e uma filha, cujo nascimento custara a vida da mãe. Olga leu nos olhos de Ivan Andreievitch que eles se apreciavam mutuamente.

Quem saberia o que o futuro estaria preparando para eles, já que ela estava livre agora?

Para grande alegria da filha e do neto, Andrei Semenovitch resolveu levá-los para Novgorod, sua terra. Olga ansiava por ver a casa paterna, onde passara os primeiros dias de sua infância e vivera com sua mãe. Com referência a Otton, este também sentia agora como se estivesse no paraíso, pois mais temia o pai do que o amava. Todos – começando pelo avô – mimavam-no extremamente, e o menino fazia tudo o que queria. Além disso, o velho *pai* Andrei, sempre contente e pronto para correr com ele, era um companheiro muito mais agradável do que o sombrio e taciturno Khristofor.

Despedindo-se de Ivan Andreievitch, Olga – por si mesma e pelo pai – agradeceu o auxílio prestado, que a livrara da morte. O jovem boiardo retrucou, sorrindo:

– Salvando uma conterrânea, apenas cumpri com meu dever.

Depois acrescentou que, dentro de três ou quatro meses, estaria em Novgorod para saber de sua saúde, e o olhar que acompanhou as palavras de Ivan deu a entender a Olga que a visita teria também outro objetivo.

Andrei Semenovitch odiava tudo o que lembrasse a vida de Olga com os alemães. Por isso, assim que chegou a Ivangorod, tomou rapidamente todas as medidas para reintroduzir a filha e o neto no seio da Igreja Ortodoxa.

Três semanas se passaram. A cerimônia de conversão ao ortodoxismo foi realizada, tendo o pequeno Otton recebido o nome de Boris. Além disso, para que nunca mais se ouvisse o odioso nome "Barenkhaupt", o velho boiardo resolveu dar ao menino o sobrenome Lodygin.

De acordo com sua promessa, dentro de quatro meses Kolytchev-Tchorny chegou, trazendo notícias sobre a funesta batalha com os alemães junto às muralhas de Ivangorod, cujos arrabaldes e cercanias haviam sido pilhados e queimados. Nessa batalha, morrera seu tio, o voivoda Loban-Kolytchev. A segunda notícia, comunicada somente a Andrei Semenovitch, era a respeito de Barenkhaupt, que não morrera, como todos pensavam. Kolytchev-Tchorny o tinha visto por ocasião do último combate. Lutando nas primeiras fileiras, o marido de Olga destacava-se pela fúria extraordinária, não poupava ninguém e espancava, inclusive, os feridos. E, para maior assombro do boiardo, o cavaleiro vestia a capa da Ordem. A conselho de Andrei Semenovitch, Kolytchev-Tchorny resolveu omitir de Olga esse fato, a fim de não perturbar a felicidade e a tranquilidade da jovem mulher; além disso, ele, Ivan, tinha pedido a Andrei permissão para se casar com sua filha, o que fora consentido com alegria; dessa forma, o jovem boiardo queria aproveitar sua estada em Novgorod para festejar os esponsais. A notícia sobre o marido poderia perturbar Olga, embora a admissão do cavaleiro na Ordem fosse equivalente ao divórcio.

No dia seguinte, Ivan Andreievitch, aproveitando o momento oportuno, quando estava a sós com Olga, sentou-se ao seu lado, pegou suas mãos e disse:

– Durante esses meses em que estivemos separados, lembraste de mim, Olga, mesmo que fosse uma vez ou outra?

– Todos os dias eu rezava por ti, pedindo ao Senhor e à Santa Virgem para te pouparem de todas as desgraças e infelicidades – respondeu a moça, baixando os olhos.

Ivan, então, apertou fortemente a mão de Olga.

– Tuas orações foram ouvidas. De todas as batalhas saí são e salvo. Mas desejo receber de ti não apenas orações. Comecei a te amar com todo o coração e pergunto francamente: tu me amas o bastante para te tornar minha esposa e a mãe de meus filhos?

Olga, com embaraço, levantou os olhos para ele e, deparando com seu olhar amável e bondoso, inclinou a cabeça sobre seu peito.

– Sim, também comecei a te amar e ficarei feliz em ser tua esposa. Juro que Natacha e teu filho serão para mim como meus próprios filhos! E, de tua parte, promete-me que amarás meu Boris, esquecendo ser ele um rebento, em parte, inimigo?

– Ele é teu filho, Olga, e isso é o suficiente para que ele me seja querido. Nós o educaremos de tal forma, que ele será uma verdadeira alma russa.

Um beijo ardente selou aquela explicação. Quando o velho voivoda soube que tudo se arranjara bem, sua alegria se tornou uma realidade forte e sincera.

– Agora, na realidade, eu tenho de volta minha querida filha! E que o passado maldito seja definitivamente cancelado e esquecido! – exclamou, beijando os noivos.

Depois de seis semanas, as bodas se realizaram. Apesar de ser uma época sombria e incerta, apesar de haver guerra e constantes invasões inimigas que devastavam o país, o voivoda decidiu festejar brilhantemente o casamento da filha.

Trajando um vestido de brocado e tendo na cabeça um adorno alto, coberto de pedras preciosas, Olga estava maravilhosa como um dia de primavera. A alegria que brilhava em seus grandes olhos castanhos e o constante sorriso de felicidade em seus lábios embelezavam-na ainda mais.

O sacramento majestoso do casamento ortodoxo, sem querer, fez reviver, em sua memória, a capela pequena e semiescura do castelo de Barenkhaupt, onde, um dia, pálida e desconcertada, ajoelhara-se ao lado do rude Henry, cujo olhar devorador a fazia estremecer.

Naquela ocasião, era uma coitada, indefesa, inteiramente dependente do pai adotivo, que, além de levar sua mãe à sepultura, ainda a obrigara a pagar severamente pela sua proteção, forçando a união com um homem pelo qual não sentia sequer simpatia.

Uma oração ardente de agradecimento exaltou-se da profundidade de seu coração ao Senhor misericordioso, que lhe concedera a graça tão milagrosa de modificar seu destino. Timidamente, apertou a mão de Ivan Andreievitch, cumprindo o ritual indicado pelo sacerdote.

Foi quase uma semana inteira de banquetes e festividades.

Ivan Andreievitch partiu de Novgorod, deixando, por algum tempo, a mulher e as crianças na casa do sogro. Ele não queria expor a família aos imprevistos da guerra.

Capítulo 3

Os soldados de Barenkhaupt haviam retirado Henry e Khristofor da casa envolta em chamas, notando neles ainda um sinal de vida, e os levado para um acampamento alemão.

A mágoa sofrida o golpeara terrivelmente. Barenkhaupt não duvidava da morte da esposa; conhecendo a precisão de sua mão, considerava que um golpe assentado por ela, sem dúvida, seria mortal. Mas o que teria acontecido com Otton? Os inimigos o teriam aprisionado? Teria ele morrido sob os escombros da casa? Ou, talvez, faminto e sozinho, estaria vagando pelos arredores, ou mesmo pela cidade devastada?

Entre os destacamentos livônios que corriam de todos os lados em socorro a Narva, já evacuada pelos russos, chegara também o chefiado por Konrad Levental, que de imediato tomou para si a responsabilidade de cuidar do sobrinho, enviando-o, na primeira oportunidade, ao seu castelo para se curar.

Uma mudança profunda transformara Henry. Seu caráter tempestuoso se tornara calmo; pálido e sombrio, por dias inteiros permanecia calado na cama, ou ficava pensativo, sentado na poltrona junto à janela.

Sobretudo o paradeiro de Otton o atormentava mais. Logo que Henry convalesceu o bastante para montar a cavalo, foi para Narva e ordenou escavar os escombros da casa.

Sob as ruínas, entre os muitos corpos carbonizados, foram encontrados dois cadáveres de mulheres e um esqueleto de criança. Um deles, em virtude das incorreções da mão, foi reconhecido como pertencente à criada de Rosalinda. Porém, Henry não sabia que uma pobre cidadã, para se salvar dos russos, escondera-se com o filho no saguão de sua casa, e por isso não duvidou de que houvesse encontrado os restos mortais da esposa e de Otton. O corpo daquela pobre e simples cidadã foi então sepultado com todas as honrarias que eram devidas à esposa do cavaleiro Barenkhaupt.

Não obstante a nostalgia e o vazio da alma, a natureza tempestuosa se sobrepôs, e novamente, à medida que se restabelecia, renasceu no corpo forte de Barenkhaupt a necessidade própria de agir. O ódio pelos russos, transbordante de sua alma, procurava uma vazão.

Tendo adquirido aversão à vida mundana, Henry resolveu ingressar na Ordem e tirar vingança. Por meio da influência do tio Konrad, sua vontade se cumpriu imediatamente e, quando Kolytchev-Tchorny o vira sob as muralhas de Ivangorod, Henry já usava as vestes da Ordem.

Passados alguns meses após a batalha de Ivangorod, Henry Barenkhaupt foi a Haspal a serviço da Ordem e lá ouviu uma notícia que o fulminou como um raio. De visita a um amigo, encontrou ali um rico comerciante de peles e couro que fora a Haspal a negócios. Na hora da refeição, iniciou-se um diálogo, e o negociante, entre outras coisas, mencionou que estivera em Novgorod, onde vendera maravilhosamente bem. Um amigo dele, que por motivo de doença não pudera ir pessoalmente, pedira-lhe para levar uma remessa de seda, tecido holandês e mais algumas outras coisas. Ele concordara e seu trabalho tivera êxitos inesperados. Em pouco tempo, conseguira vender toda a mercadoria; uma grande parte fora comprada pelo senhor Lodygin, rico boiardo novgorodense, que casara sua única filha.

– A história dessa mulher é espantosa! – acrescentou o negociante. – Ainda quando criança, ela e sua mãe foram capturadas por um destacamento de soldados alemães. O porquê de elas não terem sido resgatadas eu não sei, só sei que ela viveu aqui, e dizem inclusive que se casou. Por ocasião do último ataque dos russos e do arrasamento de todas as cidades e de todos os castelos de Narva até Revel, já não me lembro onde, mas parece que foi em Narva, Lodygin encontrou a filha e levou-a consigo. Assim que a jovem mulher recuperou-se de um grave ferimento, ocorrido acidentalmente durante a luta, ele a deu em casamento ao seu amigo, o jovem voivoda de Ivangorod. Tive a oportunidade de ver os jovens quando saíam da igreja, depois do casamento: uma moça bonita, loira com olhos maravilhosos, e o boiardo, um rapaz também muito bonito. Pareciam estar completamente apaixonados...

Durante a narração do comerciante, ninguém prestou atenção na palidez mortal de Barenkhaupt.

O ruído da queda de um copo forçou todos a se voltarem e só então é que viram Henry, sem sentidos, estendido no chão.

– Deus supremo! Será que era a mulher dele? Como não desconfiei disso antes! – falou o anfitrião, levantando Barenkhaupt com a ajuda de todos.

Enquanto faziam Henry recobrar os sentidos, o senhor do castelo contou ao negociante tudo o que lhe era conhecido sobre Rosalinda e sua morte precoce.

Voltando a si, Barenkhaupt, com a voz rouca e entrecortada, começou a crivar o mercador de perguntas, porém este nada mais sabia. Contudo, sua história e a descrição da figura da noiva não deixavam nenhuma dúvida em relação à identificação de Rosalinda. Nada mais perguntando, Henry, pálido como a morte, despediu-se rapidamente e voltou para casa.

Impossível descrever o que se passava em sua alma. Então a esposa vivia e pertencia a outro?! Precisamente ao bandido que a raptara perante seus olhos! "Ah! Imbecil, insensato!", pensava Henry a respeito dele próprio. Ele mesmo revogara a si o direito a Rosalinda, ao tomar o hábito da Ordem; naquele momento, era isso o que mais o atormentava.

Durante alguns dias, Henry achou que iria enlouquecer. Um terrível ciúme atormentava sua alma indócil, a tal ponto que ele batia a cabeça contra as paredes e de seus lábios ressoavam gritos selvagens de desespero e raiva impotente.

A excitação louca de Barenkhaupt tranquilizou-se mais rápido do que se esperava. Ele tornou-se sombrio, e seu estado, aparentemente, era calmo. Henry envelhecera de repente, em virtude do ar desalentado e do olhar lúgubre, que inspiravam aos amigos infelicidade e medo.

Não obstante todos os conselhos, Barenkhaupt retornou a Narva, onde passou o tempo todo a sós, evitando a convivência social, dominado por acessos de apatia fúnebre ou ira desenfreada. Por dias inteiros não se afastou da janela, da qual se viam as torres cinzentas e pesadas da cidade inimiga. Além daquelas muralhas, vivia Rosalinda – adúltera, desonrada, traidora de todas as leis de Deus e dos homens, que, tendo um marido vivo, ousara tornar-se mulher de outro. Oh! Se ele pudesse agarrá-los agora, embriagados de amor, enquanto ele, ali, sofria um suplício infernal, então lhes daria tal castigo, que assustaria os próprios demônios! E mil planos dos mais ousados brotavam em sua imaginação excitada.

No castelo de Narva, todos lamentavam o destino do infeliz cavaleiro, mas não havia ninguém que partilhasse de seu ódio e de sua sede de vingança tão clara e sinceramente quanto seus dois fiéis escudeiros, Khristofor e Arnulf; além da fidelidade a Barenkhaupt, ambos tinham ainda razões pessoais para odiar os russos. O sombrio, orgulhoso e vingativo Khristofor não podia perdoar nem esquecer aquelas zombarias e os ataques ofensivos suportados em Ivangorod. Arnulf, durante a última matança em Narva, perdera a esposa, a irmã e dois filhos, de forma que em sua alma encerrava-se uma sede insaciável de vingança tal qual na de Barenkhaupt. Os dois escudeiros discutiam frequentemente com o *viúvo* e, uma vez, quando Henry, como de hábito, estava à janela devorando com os olhos as muralhas inacessíveis da desagradável fortaleza, Khristofor aproximou-se e perguntou em voz baixa, apontando para Ivangorod:

– Cavaleiro! O senhor desejaria penetrar o ninho dos bandidos?

– Dez anos de minha vida eu daria para ir até lá observar o que fazem e cravar meu punhal no coração daqueles traidores – sibilou, entre os dentes, Henry.

Khristofor sorriu e, inclinando-se para ele, cochichou-lhe algo no ouvido; Henry escutou com atenção, brincando nervosamente com o cabo do punhal.

– Teu plano é bom; pensarei nele – disse, quando Khristofor acabou. – Ainda conversaremos sobre isso.

Depois desse dia, Henry ficou, aparentemente, mais calmo. Por horas inteiras, conversava com os dois escudeiros, que todas as noites saíam para algum lugar, carregando, escondidos sob as capas, embrulhos misteriosos bastante volumosos.

Por aqueles dias, o grão-mestre da Ordem, Walter von Plettenburg, encontrava-se em Narva de passagem. Henry foi ao seu encontro e implorou para ser ouvido.

– Fale, meu irmão! No que depender de mim, de bom grado será atendido, pois estou sabendo que uma grande desgraça ocorreu contigo – respondeu Plettenburg, olhando com interesse para o rosto pálido e esgotado de Henry, e para seus olhos sombrios e funestos.

– A amargura que me visita é o castigo justo pelos meus pecados e crimes – surdamente respondeu Barenkhaupt. E prosseguiu: – Para abrandar a ira divina e acalmar a própria consciência, resolvi submeter-me à provação dos eremitas por todo o tempo que o Senhor me indicar. Vim pedir-te permissão para executar minha promessa.

– Deus me guarde de obstruir de alguma forma os trabalhos para a salvação de tua alma; mas meu dever me obriga a fazer algumas considerações – disse o grão-mestre. – Primeiro: pensaste em todos os sofrimentos expiatórios que estás querendo impor para ti? A clausura numa cova é funesta para a saúde; o homem não pode viver sem ar e luz. Tornar-te-ás incapaz. Poderias servir a Deus de outra maneira, não menos verdadeira e útil, ou seja, golpear, em teu nome, os inimigos da Igreja.

– Refleti sobre tudo isso e minha decisão é irrevogável. Está dependendo apenas de tua autorização o cumprimento de minha promessa. Com oração e penitência, quero descer ao abismo, denominado "sepulcro", que fica perto das muralhas do castelo. Dois servos antigos e fiéis desejam dividir comigo minha expiação voluntária. Um guarda, devidamente instruído, todos os dias baixará os alimentos. Quando sentir na alma que Deus me perdoou, tocarei um sino, pendurado no abismo, e para lá será descida uma corda. Então, de novo, sairemos para a luz do dia.

– Percebo, meu irmão, que pensaste nos detalhes da difícil tarefa e examinaste tudo muito bem. Que seja cumprido teu desejo! Quando pensas em iniciar tua provação?

– Gostaria de iniciar antes de tua partida e da do bispo. Mas antes quero me preparar para a grande provação, durante três dias, com orações e jejum.

– Portanto, isso será na próxima sexta-feira – concluiu o grão-mestre, absolvendo o cavaleiro.

A notícia sobre a penitência incomum à qual se submeteria Barenkhaupt surpreendeu a todos. Uns se indagavam qual o crime que ele poderia ter cometido para exigir de si mesmo uma promessa tão extraordinária; outros simplesmente o tinham como louco. Todavia o que mais assombrou a todos foi o fato de ele ter encontrado dois companheiros para segui-lo em tal proeza.

O lugar denominado "sepulcro" não era mais que um abismo profundo, situado atrás das muralhas do castelo à margem do rio. Era possível alcançar o abismo pelo interior da fortaleza, através de uma passagem aberta nas muralhas. O caminho terminava em uma porta, pela qual eram lançados ou baixados no abismo os julgados, dependendo de a sentença condená-los à morte rápida ou por fome.

Havia muitos anos que não se realizava uma execução daquele gênero; porém sobre a porta era mantida uma roldana em ordem, na qual estava pendurada, por correntes de ferro, uma pequena plataforma de madeira, que servia para baixar, ao encontro de uma das mortes mais terríveis, os infelizes condenados pelas leis bárbaras daquele tempo.

Três dias e três noites Henry passou em orações e jejum. Na manhã do dia em que deveriam, por tempo indeterminado ou para sempre, abandonar o mundo dos vivos, ele e os dois acompanhantes foram à catedral, receberam a comunhão das próprias mãos do bispo e, depois, permaneceram no templo até altas horas da noite.

Toda a população de Narva estava acordada, aglomerando-se pelas ruas, desejando ver a procissão fúnebre, iluminada por archotes[1], que marchava da catedral em direção ao castelo.

Na frente, entoando salmos, arrastava-se uma longa fila de monges, portando velas acesas; atrás deles, com paramentos fúnebres, os padres e o bispo; a seguir, com a cabeça baixa, vinha Barenkhaupt. Vestia uma armadura preta; na cabeça, um capacete sem plumas com a viseira erguida, e, por cima da armadura, cobria-se com a batina monástica. Khristofor e Arnulf seguiam Henry, usando também a mesma batina. Encerrando a procissão, vinham os cavaleiros seculares livônios.

O cortejo provocava impressões penosas indescritíveis na multidão que lotava as ruas e se benzia com veneração. Os homens descobriam as cabeças e as mulheres ajoelhavam-se,

---

[1] Archote: grande vela de cera; tocha. (Nota da editora.)

chorando. Aquele homem jovem, orgulhoso, rico, cercado de todos os bens materiais, que se enterrava vivo, impressionava a todos, causando pena e horror.

Na entrada para o corredor estreito, onde não era permitido passar, a procissão parou e os cavaleiros, em fila, começaram a se despedir de Henry, abraçando-o ou trocando com ele apertos de mão. Depois, o bispo, o grão-mestre, Henry e seus companheiros, juntamente com dois sacerdotes e alguns cavaleiros com archotes nas mãos, entraram na passagem estreita da muralha. Na frente deles, havia uma porta pequena, revestida de ferro. Henry ajoelhou-se perante o bispo e este, mais uma vez, dirigiu-lhe um sermão de despedida. Lembrou a Barenkhaupt que ainda era tempo de mudar de opinião; aos dois acompanhantes, ressaltou que deveriam manifestar-se caso não estivessem seguindo-o voluntariamente. Mas os três responderam que a decisão deles era inabalável e seu cumprimento se devia unicamente por vontade pessoal. Então, o bispo os abençoou, dando-lhes o crucifixo para beijar, e ordenou a abertura da porta.

– Que Deus vos ajude, meus filhos, amparando-vos nesta pesada provação, e que salve vossas almas! – terminou o velho monge, com devoção.

A porta se abriu com dificuldade; um pequeno cadafalso suspenso por correntes apareceu, e Henry instalou-se nele com os escudeiros. Quando a corrente com um rangido sinistro começou a desenrolar-se, Barenkhaupt entoou um hino sacro.

Fortemente deprimidas pelas impressões tristes e penosas, as testemunhas daquela cena emocionante se calaram diante da porta aberta, ouvindo a voz de Barenkhaupt, que desaparecia pouco a pouco. O abalo leve das correntes anunciou finalmente que a plataforma atingira o fundo do abismo. O canto cessou.

– Meus irmãos! Antes de fecharmos a porta, rezemos pela paz das almas desses enterrados vivos... – disse o bispo, com emoção.

No final do canto fúnebre, todos se dispersaram em silêncio.

À medida que a plataforma descia para o fundo do abismo, o cheiro de decomposição e podridão se tornava mais forte, dificultando a respiração. Agora, uma noite escura e indevassável encobria os três ousados, que, silenciosos, estreitavam-se um contra o outro. Teriam eles, alguma vez, pensado que a prova seria assim tão pesada?

Aliás, nenhum deles nada revelou sobre tal suposição.

Quando a plataforma roçou levemente o fundo do abismo, Khristofor acendeu uma vela. Com a luz fraca e cintilante, puderam, ao menos, enxergar um pouco. Eles se encontravam em um lugar horrível, semelhante a uma enorme fenda, que se limitava, por um dos lados, com as fundações resistentes da fortaleza. Em volta, havia esqueletos e corpos semidecompostos dos infelizes que, na agonia extrema, haviam-se arrastado para lá, onde, apesar dos pesares, chegava um raio fraco de luz.

Henry começou a sentir-se mal. Apoiou-se na parede e fechou os olhos. Antes, lá em cima, à luz do dia, a vingança lhe parecera leve, porém, naquele momento, todo o gigantismo de seu ousado empreendimento desaparecera, e suas forças fraquejavam perante a incumbência. Ele voltou a si ao ser tocado por Khristofor, que perguntou:

– O que há, senhor?

Henry reanimou-se.

– Bobagens! O cheiro dos cadáveres me embaralhou a cabeça, mas já passou. Tira-me a armadura e desvencilhem-se das vossas. É preciso pôr em ordem esse lugar.

Depois que as armaduras foram retiradas e arrumadas em uma cavidade da rocha, eles começaram a desembalar os embrulhos anteriormente baixados ao abismo por Khristofor e Arnulf. Em um deles, havia malho[2], pinças, pregos, alavancas, picaretas, pás e outros instrumentos para trabalhos de escavação; nos outros, cobertores grossos, artigos de pele, roupas diversas e roupas brancas. Além disso, havia também

---

[2] Malho: martelo sem unhas nem orelhas. (Nota da editora.)

alguns pequenos barris de vinho para restabelecer os ânimos e uma reserva de archotes e velas.

Acenderam alguns archotes, e os três começaram a trabalhar. Abriram um fosso para enterrar os cadáveres semidecompostos que poluíam o ar e colocaram os ossos em um canto para não cavar em vão. Findo o trabalho preliminar, ambos os escudeiros se enrolaram em cobertores e dormiram profundamente, esquecendo o terrível clima que os cercava. Só Henry não dormiu. Uma excitação estranha lhe tirava o sono. A amargura e o desespero daqueles últimos meses, que haviam enegrecido sua alma, rebentavam, naquele momento, como uma autêntica tempestade. Pensava em Rosalinda. Nele ardia um ódio selvagem da mulher traidora, razão de todas as suas infelicidades; graças a ela, encontrava-se ali, naquele subterrâneo, em vez de seguir sua vida de guerreiro à frente de ataques intrépidos.

Seus pensamentos foram interrompidos por um estranho crepitar, acompanhado por rajadas de vento frio que lhe golpearam direto no rosto. Endireitou-se e abriu os olhos.

A princípio com espanto e depois com horror, viu uma luz esverdeada que surgia do local onde os ossos haviam sido depositados. A luz crescia expandindo-se e, em pouco tempo, iluminou toda a caverna. Do fosso recém-aberto reluziam fagulhas, saltitavam bolhas azuis como safira, formando um vapor denso, que se juntava em nuvens. Naquele instante, Henry viu, a dois passos dele, sentado na saliência da parede, um homem pálido, de rosto desfigurado, falando claramente sobre seus insuportáveis sofrimentos. Os olhos dele, ardentes como dois carvões, estavam fixos em Henry. Por trás daquele fantasma horrível, ressuscitou outro cadáver, cujo corpo enegrecido e semiputrefato desprendia-se dos ossos. Em direção a ele, de todos os lados, corriam esqueletos com os crânios descobertos, tendo de vivos apenas os olhos, que luziam como fogo fosfórico no fundo das órbitas. As bocas sem lábios, com dentes enegrecidos, formavam um sorriso sinistro.

Aquela turba asquerosa juntou-se em volta de Henry, mirando-o com curiosidade e raiva demoníaca. Vozes roucas e sibilantes soavam como se viessem de longe.

– Por que tu, sendo vivo, vieste para cá, ao mundo dos mortos? Oh! O que já sofremos! Como estamos sofrendo ainda agora! Nossos corpos se arrastam sem sepultura, nossa memória é desprezada e maldita. Nenhum ser vivente ora pela paz de nossas almas e pelo alívio de nossos suplícios! – gritaram todos eles.

Prantos, maldições, blasfêmias e lamentações contra sofrimentos horríveis, tudo se misturava em um vozerio inimaginável. Cada vez mais a turba se aproximava de Barenkhaupt; os rostos desfigurados exprimindo maldade se inclinavam para ele; os dedos frios e descarnados agarravam-no, e o hálito fétido lhe batia no rosto.

Com a visita das horríveis criaturas do além, que se aglomeravam em volta dele, tocando-o ao mesmo tempo em que gemiam e gritavam, Henry ficou paralisado pelo terror e, durante alguns minutos, pensou que ia perder a razão. Mas era um homem intrépido, um cristão profundamente fervoroso, apesar de todos os seus defeitos. Reprimindo energicamente seu medo, agarrou um crucifixo de ouro que tinha pendurado no pescoço e, levantando-o com as mãos trêmulas, exclamou:

– Orai para que Deus vos conceda a calma, pobres sofredores! Se esquecestes as palavras sagradas, orai comigo! Eu mesmo, todos os dias, rezarei por vós.

Com a voz fraca, mas nítida, começou a rezar:

– Pai nosso que estais no céu...

À medida que eram pronunciadas as palavras da oração que atendia às necessidades da alma e a todos os seus arrebatamentos a Deus, as almas penadas começaram a afastar-se. Os gemidos, as lamentações e as maldições se calaram, e o ódio que ardia em seus olhares foi desaparecendo. A nuvem azulada e brilhante começou a abandonar as muralhas do abismo, onde tantas vidas infelizes e criminosas haviam-se extinguido, e encobriu, como uma cortina, a nudez assustadora dos esqueletos. A visão empanou-se rapidamente e desapareceu; a luz esverdeada extinguiu-se, dissipando-se na nuvem azulada. No fosso, novamente, estabeleceram-se as trevas e o silêncio.

Entretanto, o desassossego provocado por aquela visão, somado às agitações dos dias anteriores, foi muito forte, até mesmo para uma pessoa de nervos de aço como o cavaleiro Barenkhaupt. Sentindo uma vertigem, ele caiu para trás, perdendo os sentidos.

– Já é tarde e o senhor ainda dorme. Está na hora de começarmos o trabalho – disse Khristofor, sacudindo Henry, que jazia imóvel em seu cobertor.

Sentindo o toque, Barenkhaupt endireitou-se e passou a mão pelos olhos.

– Será mesmo tão tarde?
– Na torre, bateram agora seis horas.
– Tens razão! Serve-me o vinho, e vamos ao trabalho!

Enquanto serviam o vinho, Henry olhou incredulamente para o canto, onde jazia o monte de ossos iluminados pela luz rubra dos archotes.

Teria sido um sonho? Ou tudo aquilo fora tão somente fruto de sua imaginação abalada pelos nervos excitados? Ou, realmente, as almas atormentadas dos executados haviam aparecido para pedir orações? Pena que se assustara com os fantasmas e desmaiara. Assim pensando, revolveu, daquele momento em diante, permanecer calmo, ter sangue-frio e não dar vazão aos nervos.

Com energia e precaução, Henry e os companheiros decidiram, antes de tudo, assegurar para si um local mais confortável que o fundo do abismo em que estavam, onde o ar era poluído. Com esse objetivo, antes de descerem definitivamente para lá, estudaram, com cuidado, um local para a permanência.

Para a execução do plano audacioso imaginado por Khristofor e aprovado por Henry, que consistia em cavar uma passagem subterrânea sob Narva e penetrar na fortaleza inimiga, era preciso estar convicto da exatidão da direção e da profundidade da passagem, considerando, de um modo geral, a viabilidade técnica da realização dos numerosos detalhes que se apresentavam.

Durante as pesquisas preliminares, Barenkhaupt descobriu que um dos subterrâneos do castelo praticamente alcançava o fundo do abismo.

Nesse subterrâneo, outrora ocorrera um drama terrível e sangrento entre dois cavaleiros da Ordem, por causa de uma mulher que eles haviam raptado e que disputavam entre si. Tinha-se em conta que aqueles dois cavaleiros estivessem enfeitiçados, pois, desde que ambos lá haviam morrido – e sob a influência daquele exemplo nefasto –, haviam acontecido muitos suicídios, e os suicidas, cada vez mais, escolhiam exatamente o subterrâneo fatídico para a execução de seus intentos. Sabendo disso, embora no subterrâneo houvesse uma quantidade enorme de objetos diversos e antigas armas de guerra, o grão-mestre da Ordem mandara emparedar sua entrada, não tocando em nada.

Henry resolvera utilizar esse mesmo subterrâneo para lá se instalar com seus companheiros, acreditando que naquele lugar ninguém os incomodaria e qualquer ruído suspeito seria atribuído aos fantasmas.

Seu primeiro trabalho era abrir na muralha uma passagem pela qual pudessem penetrar no local escolhido.

Graças à assiduidade e à energia dos três, o trabalho avançou com rapidez e, depois de três semanas, atingiram o subterrâneo, ficando surpresos com o que lá encontraram. Os cavaleiros criminosos haviam armazenado lá, para a mulher amada, muitas coisas que acabaram proporcionando uma comodidade inesperada para a vida de nossos enclausurados. Além disso, o subterrâneo tinha uma vantagem preciosa: sua pequena janela redonda se abria sobre Narva e dava acesso ao ar fresco.

No canto mais afastado da janela, com auxílio de madeiras de velhas máquinas de guerra, panos rústicos de sacos e outros trapos encontrados, improvisaram algo parecido com um quarto pequeno, que, até certo ponto, os abrigava do frio. Um tripé grande de ferro com um braseiro, que deveria servir de fogão, duas cadeiras, uma cama de ferro, uma lâmpada pendurada e um grande tapete grosso transmitiam à cova uma parca ideia de conforto.

Depois de arrumarem a moradia, começaram a escavação do caminho subterrâneo. Sem considerar o horror da situação e as visões que o haviam perseguido e atormentado na sinistra noite, Henry, readquirindo as forças e a calma necessárias, sentia-se consolado pelo trabalho e pela esperança de saciar sua sede de vingança. Ocasionalmente, reparou que, enquanto o fogo ardia, não havia ruídos ou fantasmas, o que lhe permitiu adotar medidas adequadas para afastar aquele transtorno.

Todos os dias, ao meio-dia, uma grande canastra fechada era baixada por uma corda e fornecia aos enclausurados sua alimentação diária. Esse minuto era sempre uma festa para eles. A canastra era vista como uma enviada superior da pátria abençoada, onde, no céu azul, brilhava o sol que às vezes deixava um raio perdido penetrar naquela escuridão sepulcral da prisão voluntária. A canastra também servia de comunicação entre eles e o amigo fornecedor de mantimentos, o irmão mais novo de Khristofor. Quando Barenkhaupt queria receber algo, colocava na canastra um recado, e logo no dia seguinte seu pedido era atendido.

Por um desses recados, foram-lhe enviados um grande crucifixo, uma lâmpada e uma reserva de óleo. Na mesma tarde, o crucifixo foi colocado em um nicho esculpido especialmente para ele, e a lâmpada, ardendo a noite inteira, pela primeira vez iluminou com sua luz fraca o subterrâneo onde ressoavam os gemidos e gritos de agonia. Desde esse momento, as noites permaneceram tranquilas, e Henry e os companheiros, agora sem qualquer obstáculo, puderam continuar sua tarefa pesada e fatigante.

O caminho subterrâneo avançava lentamente, mas os trabalhadores já ouviam, sobre suas cabeças, as águas agitadas do Narva. Absortos pela dedicação, não percebiam o tempo passar, quando um acontecimento triste obrigou-os a interromper o trabalho e abateu com pesar o cavaleiro e Khristofor.

A vida anormal na cova, privada de luz e ar puro, o cansaço inevitável decorrente do trabalho penoso em condições difíceis, quase impossíveis – tudo isso, enfim, abalara terrivelmente a saúde de Arnulf, cuja constituição física era, por natureza, mais fraca que a de Henry e Khristofor. Enquanto ainda tinha forças para suportar, cuidadosamente ocultara sua debilidade, mas por fim enfraquecera de tal forma, que já não tinha condições nem para levantar a picareta. Sua cabeça rodou e, suando frio, foi tomado por uma comoção nervosa e desmaiou.

Barenkhaupt e Khristofor assustaram-se muito; carregaram o doente para o quarto no subterrâneo e o colocaram na cama de Henry. Agasalharam Arnulf com a coberta, despejaram-lhe vinho na boca e esfregaram, fortemente, suas mãos e seus pés. Mas só depois de muito tempo é que conseguiram fazê-lo voltar a si. Estava claro que seu fim se aproximava.

– O Senhor não me permitiu terminar nosso trabalho e vingar a morte daqueles que me foram caros – murmurou o moribundo. – Eu queria alcançar o crucifixo, meu bom amo. Tu és o mesmo que um sacerdote. Ouve minha confissão e absolve meus pecados perante a cruz do Senhor.

Com a ajuda de Khristofor, Henry carregou o moribundo até o crucifixo, junto do qual Arnulf, como os primeiros cristãos, confessou em voz alta todos os seus pecados. Barenkhaupt, profundamente emocionado, absolveu-o.

Esgotado pelo esforço e pela emoção, Arnulf caiu em sonolência e apatia. De repente, Henry, que não abandonara o moribundo, ouviu seu murmúrio:

– Oh! Como gostaria de ver mais uma vez o céu, o sol, respirar o ar puro e admirar a relva.

– Caso queiras, fiel companheiro, tocarei a sineta. Amarrar-te-emos ao cadafalso, para que não caias, e, dessa forma, o teu desejo será atendido. Talvez, lá em cima, ainda consigas te restabelecer – disse Barenkhaupt, com lágrimas nos olhos.

Uma expressão de alegria aflorou no rosto pálido do moribundo.

– Agradeço-te, meu bom senhor! Obrigado por entenderes o desejo que não me atrevi a expressar. Já não mais me restabelecerei. Sinto a proximidade da morte, mas meu corpo não será privado de um enterro cristão e descansará na terra abençoada de minha pátria. Sobre minha sepultura, brilhará o sol e cantarão os pássaros.

Henry inclinou-se e beijou a fronte do moribundo.

– Estejas vivo ou morto, subirás para o mundo de Deus, meu amigo fiel! Obrigado pelo serviço!

O som forte de aviso da sineta do abismo, como era denominado aquele lugar, alarmou todo o castelo. O vigia, que morava num quarto ao lado do acesso para o "sepulcro", terrivelmente abalado, dirigiu-se ao cavaleiro, comandante da fortaleza, e comunicou que os enterrados vivos no abismo – praticamente esquecidos, depois de quase quatro anos – apresentavam finalmente um sinal.

Os cavaleiros, o capelão do castelo e inclusive alguns cidadãos se reuniram precipitadamente. Chegou também Arend, irmão de Khristofor, que não cabia em si de alegria com a ideia de que, novamente, veria os três intrépidos trabalhadores. Somente ele conhecia o verdadeiro objetivo da permanência deles no "sepulcro", mas, tendo jurado total fidelidade, nunca, nem com indícios, revelara o segredo que lhe fora confiado.

Todos se juntaram perto da porta e, com ansiedade, olhavam curiosos para a corrente que lentamente se enrolava no sarilho. Finalmente, balançando-se em silêncio, surgiu o cadafalso de madeira, e, em vez de três, nele, deitado, atado ao tablado, estava somente um. Mas quem seria aquele velho extenuado, com cabelos grisalhos, rosto enrugado e vestido em farrapos?

Ninguém reconheceu Arnulf, mas, na primeira olhada, ficou claro para todos que se tratava de um moribundo.

Desataram-no com cuidado e carregaram-no para o pátio, procurando fazê-lo voltar a si, antes de levá-lo ao quarto.

Arnulf via esmaecidamente os rostos assustados e surpresos dos cavaleiros que o cercavam. Porém, quando o colocaram no banco do pátio, à sombra de um carvalho frondoso, uma alegria indescritível iluminou-lhe o rosto e os olhos apagados reviveram. De novo, via a relva, o céu, o ar diáfano e a luz do sol!

Notando seu esforço para se levantar, o capelão amparou-o, oferecendo-lhe um crucifixo. No momento preciso em que Arnulf, com fé e veneração, beijou a cruz, sua alma partiu.

Arnulf morreu, frustrando a curiosidade geral. Até aquela ocasião, ninguém sabia nada sobre os efeitos da permanência dos corajosos homens no "sepulcro"; porém ficaram claras, para todos, as consequências daquela provação a que aqueles homens haviam-se imposto voluntariamente.

Depois que transportaram o corpo do morto para a capela do castelo, todos se dispersaram silenciosamente. O sepultamento realizou-se no dia seguinte. Não querendo perdê-lo, estavam presentes muitos cavaleiros e uma grande quantidade de cidadãos. A cerimônia distinguiu-se por tamanha solenidade, que mesmo o falecido jamais sonhara em vida.

Não obstante a grave impressão causada por aquele acontecimento, em pouco tempo começaram a esquecê-lo. Como Barenkhaupt e Khristofor não deram nenhum sinal, aos poucos também deixaram de pensar neles.

Não os esqueceu, contudo, o fiel Arend, fornecedor diário da canastra com provisões e vigia cuidadoso do sino, orientado a dar o alarme quando soasse.

Durante aqueles anos, a vida de Olga transcorrera feliz e em paz. Ela dera à luz dois filhos do voivoda. Marido e mulher amavam com paixão os meninos, embora não os privilegias sem perante os mais velhos. Boris, ou na verdade Otton Barenkhaupt, era agora um rapaz de 17 anos, muito parecido com o pai. Os mesmos cabelos de Henry, o mesmo nariz afilado, a mesma coragem e o mesmo amor às aventuras, porém a educação recebida dera a seu caráter outra nuance.

De sua infância, Otton guardava somente uma vaga lembrança da figura do pai, que restara gravada em sua memória. Reportava-se àquele instante em que ele quase matara sua mãe quando a atacara com um golpe de punhal. O rosto desfigurado e ensanguentado de Barenkhaupt, sua luta furiosa com Ivan Andreievitch e todo o quadro sombrio da briga, juntamente com a casa em chamas, haviam deixado na criança uma impressão indelével; em seu coração infantil, tinha o pai como culpado de tudo o que se passara e guardava dele uma lembrança detestável. Por isso, adorava o avô e o padrasto, cuja bondade e cuja condescendência para com ele eram ilimitadas. Tornara-se um russo ortodoxo de corpo e alma. Odiava os alemães com tal sinceridade que, para aqueles que sabiam de sua ascendência, era quase cômico ver tão puro patriotismo russo naquele filho do cavaleiro livônio.

Natacha tornara-se uma moça encantadora e relacionava-se bem com os irmãos.

Olga morava ora com o pai, ora em Ivangorod, mas preferia viver em Novgorod, preferência compartilhada pelos filhos. Para eles, era muito agradável correr e brincar nos grandes jardins do velho voivoda, que nunca os repreendia pelo barulho, pelo vozerio e pelos risos; ao contrário, florescia de felicidade quando era cercado pelos netos.

Olga tinha preconceito contra Ivangorod por causa de sua proximidade a Narva, que lhe despertava lembranças duras e recordações angustiosas do primeiro casamento, que sufocavam seu coração. Não que temesse algo, pois, para ela, Barenkhaupt estava morto – caso contrário, tinha a certeza de que há muito já teria aparecido para se vingar; a razão dessa ojeriza era um sonho que tivera na primeira noite em que, como futura esposa de Kolytchev-Tchorny, dormira em Ivangorod.

De algum lugar da terra, ela vira Henry surgir, agarrá-la e levá-la a um abismo sombrio. Em vão tentara escapar do horror insano. A mão de ferro de Barenkhaupt jogara-a na terra úmida e fria. Depois, sentindo uma dor aguda no flanco, gritara estridentemente e acordara, banhada em suor.

Esse sonho, que Ivan Andreievitch achara cômico, causara nela uma impressão tão forte que Ivangorod se lhe tornara repulsiva. Frequentemente, rogava ao marido para se mudarem. Largaria ele o serviço em definitivo e partiriam para a região de Moscou.

Ivan Andreievitch, por muito tempo, permaneceu surdo aos pedidos da esposa. Ele amava o serviço e a fortaleza que governava, mas, quando um antigo ferimento começou a molestá-lo, veio-lhe a ideia de pedir ao grão-senhor uma licença para descanso. Como tudo estava calmo e os cavaleiros livônios também se tinham aquietado, ele poderia confiar a província a outro boiardo e viajar a Moscou para repousar e pôr em ordem seus negócios.

A princípio, durante sua ausência, queria enviar a família para Novgorod, mas desistiu da ideia, em virtude da impossibilidade de viagem de uma das crianças, que mal se tinha recuperado de uma doença perigosa. Nenhum perigo ameaçava a família. Em Ivangorod, havia muitos soldados, a fortaleza era fortemente guardada e também os arredores eram vigiados por uma significativa tropa de guerreiros.

Capítulo 4

Durante alguns dias, após o episódio com Arnulf, o trabalho no sepulcro transcorreu devagar. A tristeza e o desânimo dominavam Henry e Khristofor. Eles sentiam a ausência do companheiro fiel, e a realização do trabalho idealizado tornara-se mais penosa.

Não obstante sua natureza intrépida, Barenkhaupt e seu escudeiro haviam sido atingidos pela fraqueza espiritual. Mais sombrios e silenciosos, pegaram a pá e a picareta; o trabalho, embora lentamente, prosseguiu.

Finalmente chegou o trecho em que a passagem subterrânea alcançou a margem oposta do rio Narva. Pelo plano traçado pelos cavaleiros, o túnel começava a subir. Agora, o trabalho exigia uma enorme cautela, porque eles se achavam no interior da fortaleza inimiga e corriam o risco de sair em algum ponto indesejável. Se isso acontecesse, eles seriam descobertos e todos os esforços e sofrimentos de vários anos cairiam por terra. Assim, trabalhavam principalmente durante a noite, movimentando-se como toupeiras e fazendo um grande esforço para não serem ouvidos.

Enfim, numa noite, a pá de Barenkhaupt encontrou o vazio. O cavaleiro, com cuidado, escavou uma abertura pela qual podia passar a cabeça. Com prazer respirou o ar fresco e perfumado e, depois, tentou orientar-se na escuridão. Logo se apercebeu de que a sorte lhe fora favorável, pois a abertura dera num muro bastante alto, em volta do qual cresciam árvores e arbustos espessos. Ao que tudo indicava, encontrava-se em algum jardim.

Henry, com impaciência, alargou a abertura, saiu descalço e, arrastando-se, atravessou a moita. Não foi muito longe, mas conseguiu ver que o jardim não era muito grande, estava junto de uma casa e, bastante próximo, havia um portão largo, trancado com um simples ferrolho. Como um gato, deslizou até o portão e viu que ele dava para uma ruela vazia perto da muralha da fortaleza. Um sorriso de satisfação brotou em seu rosto. Dali, era possível penetrar no próprio coração da fortaleza e voltar, sem que o inimigo suspeitasse.

Retornando ao subterrâneo, Barenkhaupt pediu a Khristofor alguns conselhos; então, resolveram alargar a abertura e construir uma porta levadiça, camuflada com grama. Depois de duas noites, o trabalho ficou pronto.

Barenkhaupt, deixando Khristofor de guarda na saída, foi até o jardim para tentar descobrir a quem pertencia aquela casa. A noite estava escura e sem lua, e Barenkhaupt, descalço, como uma sombra, penetrou nela encontrando um balcão de madeira que tinha dois bancos laterais. A porta do balcão não estava trancada e Henry projetou-se num grande cômodo, iluminado por uma lâmpada, cuja mesa estava servida. Dali, duas portas conduziam a outros cômodos, e ele hesitou por instantes, pensando em qual delas escolher para conseguir informações sem ser apanhado. A primeira porta dava para um corredor que, supostamente, conduziria ao quarto dos criados; a outra dava para um quarto ricamente decorado onde, pelo chão, espalhavam-se brinquedos.

Graças ao silêncio, profundo e alentador, e às luzes das lâmpadas acesas dos ícones, Henry pôde, facilmente, continuar suas pesquisas. Depois de levantar uma cortina pesada, inesperadamente se encontrou num dormitório. À sua frente, em canto, estavam pendurados alguns ícones grandes, com molduras douradas, decoradas com pedras preciosas. A luz suave das lâmpadas penduradas na frente das imagens iluminava os escritos bizantinos dos santos, cujos olhos imóveis pareciam observar severamente o audacioso invasor.

Ele se inclinou para ver melhor a adormecida, e, de repente, cambaleando, recuou, mal contendo um grito de surpresa.

Naquele minuto parou como um ébrio, apoiando-se contra o umbral da porta. Era Rosalinda que dormia: a traidora que o condenara a tais suplícios. O próprio anjo da guarda o guiara e conduzira direto ao objetivo: a casa do raptor de sua felicidade!

Retendo a respiração, Henry se dirigiu a uma toalha bordada, pendurada na parede, e, depois, retornou à cama, segurando com uma das mãos a toalha e, com a outra, um pequeno punhal que sacara do cinturão. Veio-lhe um pensamento: talvez "ele" estivesse ali, mas Henry não o tivesse notado por causa da escuridão; sua mão tremia em face do desejo insensato de vazar os olhos do feliz rival. Mas não! Rosalinda estava só. E como estava bela! Os anos passados não lhe haviam deixado nenhum vestígio. Apenas agora era uma mulher em todo o florescimento de sua beleza, e não a criança delicada e submissa que fora sua esposa, observava naquele instante Barenkhaupt. Um ódio profundo e uma paixão desesperada tomaram sua alma e a raiva rapidamente matou o resto do amor. Tapando agilmente a boca da adormecida com a toalha e com a outra extremidade cobrindo seus olhos, ele a agarrou nos braços, levando-a para fora do quarto, apesar da resistência enérgica e desesperada de Olga, que despertara bruscamente.

Mas o que podia fazer diante das mãos de ferro que a seguravam? Depois de cinco minutos, Barenkhaupt desapareceu com sua vítima para a passagem subterrânea, onde Khristofor, logo em seguida, fechou a porta levadiça.

– Vê quem eu trouxe! A própria traidora. Com um único golpe, acertei o inimigo direto no coração!

Olga desmaiara e estava imóvel nas mãos de seu raptor.

Chegando ao "sepulcro", Henry colocou sobre a terra sua presa e tirou a toalha que a envolvia.

Ele a olhava com alegria profunda.

– Finalmente, chegou a parte por muito tempo desejada da vingança! Agora estás em minhas mãos, traidora desprezível; dar-te-ei suplícios tais que repararão tudo aquilo que suportei!

Depois, voltando-se para Khristofor, ordenou:

– Arma-te, Khristofor, ajuda-me! Ainda hoje à noite retornaremos ao mundo dos vivos, porque nosso trabalho está perfeito. Antes, temos que fazer a bela amada do voivoda recobrar os sentidos e instalá-la aqui com o mesmo conforto de que usufruímos... – finalizou sorrindo.

Henry vestiu sua armadura enferrujada e, aproximando-se do nicho onde estava o crucifixo e ardia a lâmpada, fixou uma corrente na parede com um malhadeiro. Depois, pegando uma caneca com água, borrifou o rosto de Olga. Esta estremeceu e abriu os olhos.

Estupefata e muda, olhou para ele. Quem seria aquele homem, vestido com uma armadura enferrujada, de barba descuidada e cabelos grisalhos, cujas melenas se lhe escapavam pelo capacete? Seu rosto pálido e extenuado era iluminado por um par fumegante de olhos selvagens e maus, que a fitavam.

Nesse meio-tempo, apesar da mudança horrível na aparência de Henry, Olga o reconheceu.

– Henry? Estás vivo! – gritou ela com horror.

– Ah! Reconheceste-me, minha maravilhosa e fiel esposa? Não esqueceste meu nome nos braços de teu amante? – disse Barenkhaupt, soltando uma gargalhada feroz.

– Perdoa-me, Henry! Pensava que estavas morto e retornei à casa paterna... – murmurou Olga com a voz desanimada, sobressaltada sob o olhar duro e repleto de ódio do marido.

– Pensavas que eu havia morrido? E nem perdeste, claro, tempo para ter certeza disso, imprestável! Rompendo com todas as leis de Deus e dos homens, ousaste, com marido vivo, casar-te com outro, abjurando teu dever e tua fé! – respondeu, com desprezo, Henry. – Mas chegou a hora da vingança! – continuou ele. – Agora, pagar-me-ás por todo o ciúme e por todos os sofrimentos infernais pelos quais passei! Agora, este é teu teto conjugal, pois esta cova fétida durante longos anos serviu-me como moradia. Com minhas próprias mãos, cavei um caminho até ti, e de agora em diante morarás no fundo deste abismo, enquanto não sucumbires, enquanto não murchar a beleza que deleitava teu amante, enquanto não embranquecerem teus cabelos como embranqueceram os meus, enquanto tua pele acetinada não se cobrir de rugas e as lágrimas ofuscarem os olhos infiéis que roubaram minha alma!

Enlouquecida de terror, Olga se lançou de joelhos, estendendo-lhe as mãos.

– Clemência! – suplicou.

– Clemência? Ainda tens coragem de pedir clemência?! Por piedade poderia matar-te, porque a morte seria uma libertação, mas não te concederei essa graça. Penarás aqui, a alguns passos de teu amante, que jamais suspeitará em que lugar te encontras! Ficarás, como um cão acorrentado, neste lugar terrível, onde muito sofri em virtude do frio, das trevas e das privações do corpo e da alma!

Agarrando a corrente presa à parede, Henry envolveu a cintura de Olga e, com golpes de martelo, prendeu firmemente os anéis. Depois de colocar sobre uma pedra grande um pedaço de pão e uma caneca com água, depositou óleo na lâmpada.

– Reza ao Cristo para que te livre de teu pecado! – disse com desprezo, dirigindo-se a Olga, emudecida de pavor. – Para que não te sintas sozinha, eis companheiros para ti. Lá, à esquerda, um monte de ossos, e aqui – ele pegou um crânio e colocou-o no nicho sob o crucifixo –, "para lembrar os costumes", dissertará para ti sobre o perecimento da felicidade humana.

Horrorizada com a ideia de ficar só naquele terrível subterrâneo repleto de esqueletos, ela se pôs a soluçar.

– Piedade, Henry! – exclamou. – Não me deixes! A vida aqui é pior do que qualquer tortura. Tenho pavor de estar entre estes esqueletos!

Encostando-se na parede e cruzando os braços, Barenkhaupt, com satisfação selvagem, ouvia as súplicas dela. O amor, sob a influência do ciúme e do ódio, havia-o tornado ainda mais severo e inflexível.

– A piedade que tenho por ti é a mesma que tiveste por mim. Abandonar-te-ei, como me abandonaste. Se a solidão te assusta, então trarei o cadáver de teu amante; tem paciência, é só questão de alguns dias. Vou buscar teu adorado e nada mais vos separará, nem mesmo os vermes que irão devastar o corpo dele, com os quais tu poderás disputá-lo o quanto quiseres.

Um forte rangido de corrente interrompeu suas palavras. Passaram-se alguns minutos e surgiu a plataforma que parou no fundo do abismo. O cavaleiro, acompanhado por Khristofor, subiu nela.

– Até breve, Rosalinda! Medita bem e não temas morrer de fome. Khristofor diariamente te trará alimento.

Mas Olga não ouviu. Um desmaio profundo e benéfico afrouxou em seu pensamento todo o horror do destino que a aguardava. O aviso do sino do "sepulcro" desta vez soou mais forte.

Embora já fosse noite, os cavaleiros acordaram e, aos poucos, reuniram-se no abismo. A plataforma de madeira foi baixada com rapidez e todos os presentes, aflitos e impacientes, aguardavam sua subida de volta.

Quem ela traria consigo? Novamente um cadáver, que não revela os segredos dos mártires que padecem voluntariamente sob a terra?

Mas não! A luz avermelhada dos archotes iluminou duas figuras masculinas, paradas na plataforma.

Barenkhaupt aproximou-se dos cavaleiros e estendeu-lhes a mão.

– Salve, irmãos! – disse-lhes com sua voz profunda.

Todos, com interesse e surpresa, olharam a terrível transformação que ocorrera em sua aparência. O homem forte, jovem e bonito, com olhar ardente e cabelos pretos como as asas de um corvo, convertera-se em um velho grisalho com rugas e rosto cor de terra.

Henry percebeu a impressão acarretada nos presentes e um sorriso satisfeito, embora amargo, surgiu em seu rosto.

– Irmãos! Gostaria de ir ao templo, do qual há muito fui privado, e lá rezar a Deus e agradecer-lhe o amparo recebido durante minha pesada provação – disse após as primeiras saudações.

No corredor, veio correndo a seu encontro o capelão, que o levou ao sacerdote para que o abençoasse. Henry caiu de joelhos perante o altar e, orando fervorosamente, agradeceu ao Altíssimo por seu amparo e sua ajuda na realização completa da vingança. Duro e vingativo, não se dava conta de que tal oração poderia não ser agradável a Deus. Mas seu objetivo fora alcançado: a mulher que nunca cessara de amar estava agora em seu poder, e, além do mais, fora aberto o caminho pelo qual poderia agarrar o seu rival e severamente se vingar dele e de seus conterrâneos por todos os sofrimentos passados. A todos esses sucessos brilhantes, acrescentou a ajuda de Deus, esquecendo o ditado: "A mim a vingança, e darei os fundamentos..."[1].

Depois de cumprido o dever religioso, Henry passou pelos cavaleiros que o acompanhavam e foi a seu quarto, que se conservava inviolável. Pelo caminho, soube que o grão-mestre da Ordem, ocasionalmente, encontrava-se de novo em Narva, por isso pediu para ficar só, a fim de descansar e colocar os pensamentos em ordem. Mandou servir Khristofor, e ele mesmo

---
[1] Romanos, 12:19. (Nota da editora.)

jantou por tudo o que não tinha jantado durante os dez últimos anos; depois foi dormir, ordenando um tempo predeterminado para despertá-lo.

Ele se levantou recomposto e contente, lavou-se, barbeou-se, cortou os cabelos e vestiu uma roupa nova.

Transformando-se de tal forma, Henry novamente adquiriu a aparência de um nobre cavaleiro; um sentimento solene encheu sua alma e, inclusive, suavizou, em parte, os traços das privações, do trabalho e da vida insuportável no subterrâneo.

O grão-mestre recebeu amavelmente o cavaleiro, felicitando-o pelo término da dura empreitada. Após os agradecimentos, Henry confessou a verdadeira razão de sua permanência no "sepulcro", comunicou sobre o término bem-sucedido da passagem subterrânea que ligava Narva a Ivangorod e submeteu a fortaleza inimiga ao poder da Ordem. Solicitou também ao grão-mestre permissão para Khristofor melhorar o acesso ao subterrâneo, para que fosse possível ir para lá direto do castelo, e, inclusive, pediu para que o velho pudesse viver junto à entrada e deixar sob sua custódia o trabalho ao qual dedicara dez anos de sua vida.

O grão-mestre ficou surpreso e admirado com a narração. Atendeu aos pedidos de Henry e, imediatamente, convocou os cavaleiros, o bispo e o burgomestre de Narva para uma reunião secreta, cuja pauta era o "trabalho colossal" realizado com sucesso pelo cavaleiro Barenkhaupt e seu valente companheiro. Depois, com brados solenes dos presentes, o grão-mestre comunicou que elevava o digno Khristofor a cavaleiro e que, naquela mesma noite, seria festejado, com um banquete, o retorno à Ordem dos fiéis e respeitosos irmãos.

À noite, na grande sala do castelo, junto a uma mesa fartamente servida, reuniu-se a corporação alegre e animada. Henry ocupou o lugar de honra ao lado do grão-mestre. No pescoço, usava uma corrente grossa, presenteada pelo burgomestre. No outro final da mesa, entre os cavaleiros, irradiando felicidade, sentava-se solenemente Khristofor.

Durante a sobremesa, tomando um vinho de boa safra, Barenkhaupt, a pedido geral, descreveu detalhadamente sua vida e seu trabalho no "sepulcro". Contando isso, provocou uma verdadeira tempestade de admiração que, em parte, recompensou ambos os heróis por seu sofrimento e esforço.

Sobre um detalhe, Barenkhaupt calou: precisamente sobre aquele de que Olga se encontrava no "sepulcro". Naquele instante, ninguém poderia atrapalhar sua vingança. Uma vez que o Conselho havia decidido, por enquanto, não empreender nada contra Ivangorod, e sim aguardar um acontecimento propício para se vingar da petulância russa, Henry sentiu-se perfeitamente tranquilo de que ninguém veria a jovem mulher e ninguém se emocionaria por suas súplicas e por seu desespero.

Retornando do banquete, Henry deitou-se, mas a agitação provocada pela festa não o deixou dormir e seus pensamentos de novo voltaram-se para a ex-esposa. Lembranças dos tempos felizes ressurgiam em sua memória; com dura satisfação, Henry desenhou para si o quadro do atual sofrimento de Rosalinda. Mas a imaginação vingativa do cavaleiro, apesar de bastante engenhosa, estava longe do verdadeiro horror e desespero que Olga experimentou ao voltar a si.

Quando ela viu que se encontrava no fundo de um abismo fétido, cercada por ossos humanos, um terror alucinante apoderou-se dela. Soltando gritos dilacerantes, debateu-se desesperadamente, procurando libertar-se das correntes que a prendiam na parede, mas todo o seu esforço foi em vão. Suas forças logo se esgotaram e ela caiu sobre a terra úmida. Seu olhar assustado vagou pelos ossos humanos que jaziam à sua volta, iluminados pela luz fraca e lúgubre das lâmpadas. Os crânios sem cabelos, com olhos vazios, como máscaras, olhavam para ela, e uma mão com longos dedos descarnados, sobressaindo do monte de ossos, parecia arrastar-se em sua direção.

Com um suspiro rouco, Olga fechou os olhos e seu pensamento, com uma saudade desesperada, voltou-se para o marido e os filhos. O que pensaria, o que sentiria Ivan Andreievitch, quando, mais cedo ou mais tarde, voltando de Moscou, soubesse que ela misteriosamente, sem deixar sinal, desaparecera no meio da noite? Nunca lhe chegaria à cabeça que, graças a uma esperteza incompreensível, simplesmente diabólica, aparecera o demônio, que julgavam morto, e levara-a para lá a fim de que sucumbisse de morte horripilante, a dois passos do homem amado.

De repente, Olga lembrou-se da promessa de Barenkhaupt de trazer-lhe o cadáver do marido. Se ele pudesse penetrar no castelo, como penetrara em seus aposentos, então o esposo estaria realmente ameaçado de morte. O que seria das crianças, infelizes órfãs? Como agiria com elas aquele homem vingativo, sem coração, que, sem dúvida, deveria odiá-las tão cruelmente como a seus pais?

Olga cruzou as mãos e, levantando os olhos para o crucifixo, começou a rezar; uma oração fervorosa saiu de sua alma agoniada. Ela pediu ao Pai do Céu, não por ela, mas pelos seres amados, a quem confiava para que defendesse com Sua misericórdia.

Esse arrebatamento apaixonado para o céu exauriu a força de Olga. Seus membros se congelaram em contato com a terra fria; a blusa fina de linho, sua única veste, há muito já se molhara com a umidade. Sacudida de tremor, caiu em devaneio e, depois, efetivamente, perdeu os sentidos.

Na casa do voivoda, reinava a confusão. Pela manhã, a fiel Irina, como de costume, fora aos aposentos de sua boiarda para despertá-la e ajudá-la a vestir-se, e pode-se imaginar seu espanto quando viu que o leito estava vazio. Primeiro, Irina correu para o quarto das crianças, pensando que Olga despertara sozinha, mas lá também ninguém a vira. Ao abrirem as cortinas, verificou-se que uma das almofadas estava no chão, a coberta caía desordenadamente e a caneca com leite, que Olga, ao despertar, tinha por hábito beber, estava entornada. Além disso, num dos sapatos de couro vermelho havia vestígios de manchas de areia.

Ao saberem que a mãe desaparecera, as crianças começaram a chorar e gritar intensamente. Somente o mais velho,

Boris, com 17 anos, decidiu ser indispensável empreender rapidamente a busca. Ivan Andreievitch ainda não chegara, então o menino correu ao boiardo, instalado na província de Kolytchev, e avisou-o do desaparecimento da mãe. O boiardo, um guerreiro velho e experiente, imediatamente foi ao local dos acontecimentos: observando tudo, fez um interrogatório. Mas a busca rigorosa revelou somente que os vestígios, como os do sapato, apresentavam-se também no tapete, na cama, no chão e no cômodo adjacente. Verificou-se ainda que a toalha desaparecera.

Era evidente que haviam arrancado da cama, durante a noite, a jovem boiarda em camisola, pois todas as roupas, assim como as joias na mesinha ao lado, estavam intactas. Isso demonstrava que o raptor insolente não tivera como objetivo a pilhagem; a toalha havia sido levada, certamente, para amarrá-la.

Todos se perderam em indagações. Qual seria a intenção do raptor? Como conseguira penetrar não só na fortaleza, mas na própria casa do voivoda?

Ninguém vira nem ouvira nada. Todos os portões estavam trancados; os guardas ocupavam seus postos e nenhum deles percebera o menor barulho suspeito.

Na manhã seguinte, após esse dia funesto, Boris, terrivelmente desconcertado, sentou-se no banco à sombra das árvores e chorou amargamente. O rapaz adorava a mãe, e seu desaparecimento incompreensível e misterioso o levou ao desespero. A atenção de Boris, sem querer, foi atraída pelo rosnado queixoso de seu cão de caça, que estava sentado à sua frente e mirava-o com seus olhos inteligentes, balançando a cauda impacientemente; em sua boca, segurava um dos sapatos de Olga.

– Valente! Choras também pela mãezinha, que tanto te amava, mimava e acariciava! – murmurou Boris, passando a mão carinhosamente sobre a cabeça sedosa do cachorro.

O cão deu um salto e puxou Boris pelas vestes; depois, correndo de novo, retornou com uma inquietação visível. Um pensamento repentino passou pela cabeça de Boris. Talvez o cachorro tivesse encontrado o rastro dos raptores ou, pelo menos, mostrasse a direção pela qual haviam fugido, o que também já seria uma preciosa indicação. Ele pegou o sapato e esfregou-o no focinho do animal.

– Procure, Valente! Procure! – gritou.

O cão, com ganidos de alegria, correu à frente, parando, de tempos em tempos, para se certificar de que Boris o seguia. Atravessou o jardim, não saindo de baixo das sombras das árvores, e, depois, sem cessar de farejar a terra, desapareceu nos arbustos, junto à muralha.

Com o coração palpitante, Boris seguia e, com espanto, viu que, pelos arbustos, havia uma vereda aberta pela qual se podia passar sem ruído, não acarretando nenhuma inconveniência.

De repente, Boris estremeceu.

Na relva, estava o lenço branco de seda com franjas que sua mãe usava normalmente quando estava resfriada. O garoto lembrou-se de que, ainda na noite anterior, ela o usava quando se despedira dele. Evidentemente, ele caíra quando a haviam carregado por ali. Assim, graças ao cão, Boris tinha agora a pista dos raptores. Será que, com suas patas, o animal, arrastando-se, poderia atravessar a muralha?

O cão parou e começou a cavar freneticamente a terra. Boris examinava com atenção a região. A grama parecia pisada e, depois de alguns minutos de buscas, o rapaz encontrou a porta levadiça, construída por Barenkhaupt, e, sem dificuldades, levantou-a. Perante ele, descendo bruscamente, estendia-se um corredor escuro e estreito, pelo qual o cão correu sem a menor hesitação.

Não pensando nem por um minuto no perigo a que poderia sujeitar-se, Boris seguiu o cachorro. Agora, só tinha uma intenção: encontrar, de qualquer maneira, sua querida mãezinha.

A escuridão no corredor era tão grande que ele temia cair em algum buraco. Então, Boris retrocedeu, pegando um archote.

O cão corria sempre para frente, farejando o chão. Dessa forma, atravessaram a passagem subterrânea, subiram por uma abrupta elevação, e só não caíram em jazigos ou sepulturas graças à luminosidade fraca mas eficiente das lâmpadas fixadas na parede. O cão, com um ganido alegre, correu para a coisa branca caída no chão, que se mexia e gemia fracamente.

– Mãezinha! Minha querida! Jogaram-te nesta cova! – gritou Boris, reconhecendo a voz de Olga e correndo precipitadamente para ela.

Ele abraçou a mãe, cobrindo-a de beijos; esta estreitava-se ao filho, desfazendo-se em prantos.

Tocando a corrente gelada, ele se apavorou, vendo a mãe presa à parede, tremendo de frio, deitada na terra nua com os cabelos desgrenhados e a camisola estraçalhada e suja.

– O que significa isto, mãezinha? – com cólera, gritou Boris.

– Foi teu pai, o cavaleiro Barenkhaupt, quem fez isto! Ele me capturou e atirou-me aqui... – respondeu Olga baixinho. – Ele não está morto, como pensávamos, e agora vinga-se de mim, pela minha pretensa traição, condenando-me a uma morte lenta e horrível.

– Bruxo maldito, cruel como uma fera sanguinária! Que direito tem sobre ti depois de, perante meus olhos, tentar matar-te? – murmurou Boris, procurando arrebentar a corrente. – Oh! Lembro-me bem de seu rosto abominável e ensanguentado, quando ele te golpeou. É assim que o vejo agora; apesar de Andrei ter-me levado consigo, não posso lembrar-me dele sem tremor. Mas fica calma, querida, libertar-te-ei! Se não o puder fazer sozinho, trarei ajuda.

– Salva-me, minha criança! Mais rápido, mais rápido! – repetia Olga, tentando ajudar o filho.

Mas o elo sólido da corrente, fixado pela mão de ferro do cavaleiro, não cedia às forças deles.

Ambos estavam de tal modo ocupados, que não ouviram ruídos de passos nem viram que, na abertura da parede, haviam surgido dois homens. Somente quando a luz avermelhada do archote iluminou o abismo, Boris virou-se rapidamente, e Olga soltou um grito surdo.

Na abertura da parede, apareceram ainda mais dois, que pararam, surpresos. Eram Barenkhaupt, dois cavaleiros, antigos companheiros dele – que desejavam ver a passagem subterrânea –, e Khristofor, que trazia pão, água, um tapete de palha e uma capa grossa, pois Barenkhaupt não queria que, de imediato, a morte carregasse para sempre sua vítima. Ele queria que ela penasse o maior tempo possível.

Descendo ao abismo, Henry contava a seus amigos sobre a traição da esposa e sua vingança. Os cavaleiros amigos, claro, aprovavam sua atitude. A traidora, que abjurara o marido e a santa fé católica, merecia, sem dúvida, cada suplício.

Vendo um homem inclinado sobre sua vítima e ouvindo a língua russa, Henry deu um salto para frente e agarrou Boris pela gola.

– Ah! Cão moscovita! Descobriste a passagem secreta! Isso te custará a cabeça! – esbravejou, tirando do cinto o punhal.

– Louco! Não mates teu próprio filho! – gritou Olga.

Estupefato, Barenkhaupt abaixou a mão e ficou gelado. Seu olhar assustado vagueou pela figura do jovem alto e esbelto, iluminada pela luz do archote.

Sim, ela não mentira: aquele era realmente seu filho! As mesmas características da família Barenkhaupt, o rosto de traços enérgicos, o nariz aquilino e os cabelos negros como as asas do corvo. Somente a forma dos olhos, a cor e a expressão sonhadora faziam lembrar a mãe; porém, nesse minuto, o rapaz exaltou-se e seu olhar corajoso e cheio de ódio rapidamente se voltou para o pai.

– Então, por qual motivo hesitas em matar-me, maldito assassino? Saibas que, enquanto eu viver, defenderei minha mãe! – gritou Boris.

O cavaleiro nada respondeu. Talvez nem mesmo tivesse ouvido as palavras de Boris. Nele assomara-se um caos completo de recordações: uma alegria insana e uma amargura indizível. Em sua memória, passavam as cenas dos primeiros tempos depois do casamento, o nascimento do filho, do qual tanto se orgulhara e pelo qual tantos anos chorara.

O amor filial conduzira o menino ao calabouço. Por isso, o filho agora estava com ele, que não mais ficaria sozinho na velhice; a antiga família Barenkhaupt não se extinguiria nele.

Arrebatado pela cólera e pelo ódio, perdendo a paciência diante do silêncio de Barenkhaupt, Boris repetiu suas palavras e a ameaça de defender a mãe até a última gota de sangue. Na primeira vez, falou em russo, mas, agora, temendo não ser compreendido, repetiu a fala em um alemão horrível, pois, apesar de tudo, lembrava-se dessa língua e, às vezes, falava nesse idioma com Irina e sua mãe. Além disso, seu avô e também Kolytchev, por brincadeira, levavam-no como tradutor nas negociações com comerciantes e representantes alemães.

– Sim, este é teu filho, Barenkhaupt. Apenas ele tem por ti pouco respeito. O que pretendes fazer com ele? – rindo, perguntou um dos cavaleiros.

Henry endireitou-se e passou a mão pelo rosto.

– Ele frequentou uma boa escola, onde desaprendeu a amar e respeitar o pai! – retrucou amargamente. – Indagas, irmão, o que farei com ele? Primeiramente, anunciá-lo-ei como meu prisioneiro e peço-te mandar trancá-lo na torre dos presos políticos. Ele conhece o segredo da passagem subterrânea e o que mais deseja é revelá-lo. Para seu próprio bem, ele tem que ser submetido a esse incômodo. Seu destino posterior dependerá somente dele. Por favor, leva Otton e tranca-o na torre. Eu, antes de tudo, devo examinar a passagem subterrânea e tomar as medidas preventivas indispensáveis.

Boris voltou-se rapidamente e quis correr, mas não conseguiu dar três passos, pois foi agarrado e preso, não obstante uma desesperada reação. Ele não tinha arma e, num minuto, foi dominado.

Quando o rapaz foi conduzido, Henry voltou-se para Olga.

– Com que direito, mulher desprezível e sem coração, tiraste-me o filho e transformaste-o em um inimigo? – disse com um tom cheio de indignação. – Também por isso me pagarás!

Depois, dando as costas, desceu pela passagem subterrânea. Ela estava intacta; concluída a verificação, fechou cuidadosamente a porta levadiça, abandonada inteiramente aberta por Boris.

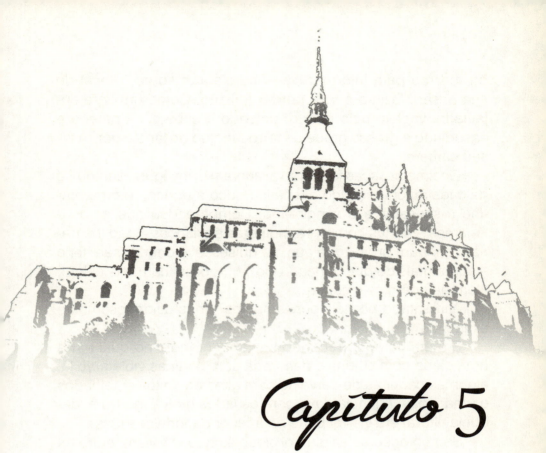

Capítulo 5

Os cavaleiros levaram Boris à torre, trancando-o em uma cela, montada com muito maior conforto que uma prisão comum. Tinham pena do rapaz, ofuscado por uma infeliz coincidência. Era o filho único do corajoso e infeliz Barenkhaupt, que realizara para a Ordem um serviço tão importante.

Boris, porém, não reconheceu como também não notou a atitude benévola que o privilegiava. Com desespero, caiu na cadeira e derramou lágrimas amargas. Como uma visão obsessiva, perseguia-o a figura da mãe querida, terna, mimada pelo marido e por todos que a cercavam e, agora, lançada, sozinha e sem roupas, naquela cova nojenta, presa à parede como uma ladra. A plena certeza de sua impotência para libertá-la, ou mesmo para informar Ivan Andreievitch sobre o local de sua prisão, fazia-o quase perder a razão. Como um tigre enjaulado, vagava pelo quarto, batendo a cabeça na parede e sacudindo a grossa grade de ferro fundido da janela gótica de seu cárcere.

Finalmente, suas forças se exauriram e, inseguro, sentou-se na cadeira, começando a refletir. Pouco a pouco, retornaram-lhe a sensatez e o sangue-frio. Compreendeu que gritos e lágrimas – armas comuns a mulheres e crianças – não lhe trariam nenhum proveito, e que, se quisesse libertar a mãe, teria – agora mais do que nunca – que ser necessariamente calmo, além de enérgico e esperto.

Alimentado por tais pensamentos, Boris cuidadosamente examinou sua prisão.

Era um cômodo redondo bastante grande, no qual havia uma cama com colunas, decorada com cortinas violeta de lã, algumas cadeiras de carvalho com altos encostos entalhados e uma mesa. A janela dava para os lados de Ivangorod e, daquela altura, era visível parte do interior da fortaleza russa.

Seu coração se afligia por aqueles que lá viviam, entre os quais alguns que considerava como parentes. Novamente as lágrimas rolaram-lhe pelas faces, mas, virilmente, reprimiu-as, indo deitar-se ao ouvir, atrás da porta, alguns passos.

Entrou o escudeiro e colocou sobre a mesa um jantar farto e uma jarra de vinho. Boris não tocou em nada. Estava muito confuso para sentir fome e do vinho, mesmo não sabendo a causa, desconfiava.

Por isso, continuou a sonhar, imaginando planos de fuga, cada um mais audacioso que o outro. Surgiu-lhe, inclusive, o pensamento de que o cãozinho Valente, como fizera com ele, mostraria o caminho para Ivan Andreievitch, que logo deveria voltar de Moscou. Mas o que teria acontecido ao cão? Isso ele não sabia; a ideia de que o inteligente e fiel animal tivesse sido apanhado e morto encheu-lhe o coração de amarguras.

Inquietava-o, também, seu próprio destino. O que lhe estaria preparando o futuro? Seria obrigado, quem sabe, a lutar contra os russos? Mas não! Ele preferia antes se deixar esquartejar a concordar em levantar a mão contra seus próximos, contra seus verdadeiros conterrâneos.

Ele sempre odiara aquela fortaleza estranha, como se pressentisse que algum dia se tornaria cativo dela e que, nessa eventual situação, não poderia defender as pessoas queridas e os parentes contra os cavaleiros livônios – que, no fundo da alma, detestavam seu avô, seu padrasto e todos os russos.

O relato de Irina sobre o rapto da avó e sobre a perfídia, a cobiça e a crueldade dos cavaleiros da Ordem há muito tempo lhe acarretara repugnância e desprezo por eles. E, agora, estava em poder daqueles facínoras, entre os quais um dizendo-se seu pai. Aquilo era intolerável.

O ranger da fechadura chamou a atenção de Boris. Seria seu pai que viria vê-lo? Apesar de toda a sua indignação contra Barenkhaupt, um encontro com ele assustava-o e desagradava-o. Entrou, não o pai, mas um outro cavaleiro tipicamente teutônico, alto e magro, com um rosto impassível, severo e arrogante.

– Levanta-te, Otton Barenkhaupt! Tenho que conversar contigo. – disse, calmamente, sentando-se à mesa, na qual o escudeiro colocara uma vela acesa.

O rapaz levantou-se e, com um olhar inimigo, fitou o cavaleiro.

– Meu nome é Boris Kolytchev-Tchorny!

– Tu és o filho do cavaleiro Barenkhaupt e, pela lei de todos os países, somente os bastardos não têm o direito de levar o nome do pai. Por acaso pretendes esse estatuto?

– Não! – gritou Boris, inflamando-se.

– Nesse caso, dirigir-me-ei a ti pelo único nome ao qual tens direito. Vamos ao assunto. Ordenaram-me indagar-te de que forma descobriste a passagem subterrânea, cuja existência nem mesmo os cidadãos conhecem. Sê sincero, pois, do contrário, saberemos obrigar-te a falar a verdade. Além disso, lembra-te de que a mentira é a desonra de todo homem que se respeita.

Boris empalideceu. Orgulhoso e nobre por natureza, desprezava a mentira, não obstante compreender que, no presente momento, não poderia dizer a verdade sem prejudicar a mãe e a si próprio e sem perder, talvez, a última oportunidade de salvamento – ou seja, de que Valente mostrasse para alguém o segredo do caminho subterrâneo.

Tentando dar à sua história um tom de veracidade, Boris respondeu:

– O acaso ajudou-me a descobri-la. Desde a noite em que desapareceu minha mãe, toda nossa casa se encontrava em uma agitação terrível, por isso, somente hoje minha irmã Natacha notou que seu gatinho de estimação se havia perdido. Ela pediu-me para procurá-lo, mas minha cabeça estava totalmente ocupada por outras coisas. Descobri no jardim um canto solitário, deitei-me na grama... – Nesse instante, Boris parou e começou a chorar. – Derramar lágrimas pela mãe não é vergonha para um homem – acrescentou o filho de Henry com despeito, depois de notar um sorriso jocoso, quase perceptível, no rosto do cavaleiro.

– Continua, meu filho! Tuas lágrimas já se foram e não tens que te ruborizar por elas – disse aquele.

Depois de um minuto de silêncio, Boris continuou:

– De repente, ouvi um miado perto de mim. Lembrei-me do gatinho de Natacha e comecei a procurá-lo. Era realmente ele. Brincava com um pano branco, se esforçando para rasgá-lo. Aproximei-me e, com espanto, vi que era a extremidade do lenço de mamãe, que parecia sair da terra. Tentando puxar o lenço, deparei com uma porta levadiça coberta por grama e, atrás dela, vi o caminho subterrâneo; da existência dessa porta nem eu, nem meu padrasto suspeitávamos, pois, do contrário, ele teria ordenado entulhá-la. Corri ao galpão em busca de um archote, acendi e voltei à abertura. Por uma simples curiosidade, desci e, de repente, avistei minha mãe, que, claro, de forma alguma esperava encontrar naquela cova infecta. Jamais acreditaria que um homem poderia vingar-se tão vergonhosa e indignamente de uma mulher. Eis o lenço de mamãe como prova de que falei a verdade.

— Provavelmente, ele caiu quando o malvado a arrastou para o subterrâneo! — terminou Boris, tirando do bolso o lenço de seda.

— Como me fazes rir, Otton Barenkhaupt, falando assim de teu pai! Ele tem o direito incontestável de castigar e mesmo matar a esposa infiel, que cometeu o crime de conviver com um inimigo e atreveu-se a desobedecer a todas as leis de Deus e dos homens, casando-se com outro, apesar de o marido estar vivo. Tua mãe mereceu o castigo: há 11 anos, muito sangue correu em Narva por sua culpa. Tua felicidade, Otton, foi não ter conseguido informar a ninguém sobre tua descoberta, pois, do contrário, serias julgado como traidor.

— De forma alguma eu poderia ser considerado traidor, pois sou russo e meu dever, na medida de minhas forças, é ajudar meus parentes.

— Nisto, querido menino, enganas-te! O filho do cavaleiro Barenkhaupt não é nem pode ser russo. Aliás, este é um assunto para teu pai: fazer-te voltar à razão e entender que tua fidelidade aos inimigos é uma forma de traição. Por enquanto, até breve!

O cavaleiro levantou-se, acenou, baixando a cabeça, e saiu do quarto.

Boris ficou só. Estava mortalmente deprimido. Sentia-se como um rato que caíra em uma armadilha. Prevendo que o esperava uma luta pesada, resolveu que preferia morrer a trair sua fé e sua família. Entre os alemães, sentia-se estranho. Revoltava-o profundamente a acusação imputada à sua mãe. Denominavam-na amante do marido legal! Boris sabia que Olga se casara com Ivan acreditando na morte de Barenkhaupt. Este nunca dera o menor sinal de vida, e, além disso, o retorno à religião antiga era o equivalente ao divórcio. A preferência de sua mãe por Ivan Andreievitch era absolutamente natural, pois era bonito, bom, justo com todas as pessoas, amava seus parentes, era condescendente com os subalternos e caridoso com os pobres, que nunca ficavam sem sua ajuda.

Comparando imparcialmente sua beleza suave e agradável com a figura do pai e seu olhar feroz, no fundo da alma, aprovava a escolha da mãe.

Boris já não era criança e compreendia que a mulher bonita e sedutora incutira no cavaleiro um amor forte, e que, atrás do ódio de Henry, ocultavam-se um ciúme selvagem e um amor-próprio ofendido. E poderia sua mãe amar alguém que para ela já levantara a mão?

Seu coração se angustiava tristemente imaginando o perigo terrível que representava para Ivangorod a passagem subterrânea entre as duas fortalezas e de cuja existência seu padrasto nem desconfiava.

Mas dela os cavaleiros nunca se serviriam, pois iriam ao ataque em vez de invadir de surpresa a fortaleza russa bem em seu coração. Tudo isso era segredo.

Esgotado extremamente pelas inquietações angustiantes, Boris se deitou e rapidamente dormiu.

O dia seguinte arrastou-se e pareceu a Boris terrivelmente demorado. Ele o passou junto à janela, observando Ivangorod, onde tudo parecia estar calmo.

Ao anoitecer, o escudeiro que o servia entrou, calado, e acendeu a vela.

Boris sobriamente sentou-se à mesa, passou a mão pela cabeça e pensou na situação funesta da mãe infeliz naquele calabouço abominável.

De repente, atrás da porta, ouviram-se passos e a voz de alguém falando, mas Boris não entendia as palavras. A porta abriu-se e, na soleira, surgiu a figura alta do cavaleiro Barenkhaupt.

O dia transcorrera muito pesado também para Henry. Ele se sentia enfermo da alma e do corpo. Nele haviam reaparecido, com nova intensidade, as dores sentidas nos dois últimos anos de sua permanência sob a terra. Mas Henry não era daquelas pessoas que facilmente se deixam abater por sofrimentos físicos. Torturava-o a ideia de que seu filho único se tornara um estranho, ou até mesmo um inimigo.

O cavaleiro que interrogara Boris havia transmitido a Henry que o rapaz dissera que era russo e queria permanecer assim.

Apesar de seu caráter feroz, orgulhoso e severo, Henry sentia o vazio profundo de sua vida, preenchida somente por uma vingança que lhe sacrificara os melhores anos de existência, juventude, força e saúde.

A única lembrança terna e luminosa era a recordação do garoto pequeno e rechonchudo que carregara nos braços, cujo primeiro sorriso surpreendera ao balançar-lhe o berço.

Henry amava esse futuro representante de sua antiga família com toda a intensidade de que era capaz. Esse filho, que ele até então supunha morto, agora reencontrara por milagre, mas esse mesmo filho o rejeitava e talvez o odiasse.

"Filhinho, a culpa não é tua, claro...", refletiu. "Que culpa tem meu filho se lhe sujaram o nome e a lembrança do pai, matando-lhe o amor filial? Não, não é ele o culpado! Culpados, sim, são aqueles estrangeiros que alteraram sua carne e seu sangue para torná-lo inimigo! Culpada é também aquela que não só renunciou a mim, seu legítimo marido, como também ensinou meu filho a odiar o próprio pai. Oh! Como eu os odeio! Qual vingança planejar para castigá-los?"

A consciência lhe era pesada, mas finalmente resolvera ir ao encontro do filho para tentar "devolver-lhe a razão" e retorná-lo ao "dever filial".

Com a entrada do pai, Boris levantou-se, medindo-o com um olhar sombrio e inimigo. O que queria dele aquele homem que ele não considerava pai, cuja presença fazia silenciar seu coração? Talvez o carrasco cruel e assassino de uma mulher indefesa imaginasse obrigá-lo a renunciar àqueles que ele amava como se fossem seu próprio sangue, sua própria família. "Que experimente!", pensou Boris.

Barenkhaupt olhou para Boris também sombriamente, e seu coração se angustiava no peito. Sim, aquele era verdadeiramente seu filho! Pela postura, com as sobrancelhas carregadas, o olhar colérico e hostil, a expressão orgulhosa e teimosa no rosto: o rapaz era seu retrato vivo. Ele era assim, quando jovem. E aquele filho, depois de 11 anos de separação, não dera um passo em sua direção, não lhe estendera a mão e não o chamara de pai – esse nome terno, que tão agradavelmente soaria nos ouvidos do cavaleiro e talvez abrandasse seu coração.

Reinava um silêncio penoso. O cavaleiro respirava pesadamente. Era como se o ar não lhe bastasse e as pernas estivessem presas ao solo. Barenkhaupt, com dificuldade, lentamente deu alguns passos para a frente e caiu na cadeira.

– Será que tu, Otton, te tornaste tão estranho a ponto de não encontrares palavra para teu pai e teres o coração surdo a meu apelo? – disse Henry com a voz apagada. – Ou talvez não me reconheças... Eras ainda pequeno quando te tiraram de mim, na época em que me despojaram de tudo. Teria morrido de nostalgia se não me tivesse sustentado a ideia de vingança. Agora não és mais criança, Otton; podes imaginar o que senti, quando dos escombros de minha casa arrastaram um cadáver destroçado de uma criança, que todos reconheceram como o teu; podes imaginar o que sofri, derramando lágrimas sobre os restos mutilados daquele menino alegre, com cabelos encaracolados, faces rosadas, que dias antes havia beijado... Então, renunciei ao mundo e vesti o hábito monacal. Não se passara muito tempo e chega-me a notícia de que a traidora estava viva e, pela segunda vez, casara-se. Tu és quase um homem e compreenderás meu sentimento quando soube que quase perante meus olhos, além das muralhas de Ivangorod, minha esposa encontrara a felicidade nos braços de um outro. Tivesse ela te deixado comigo, talvez eu a esquecesse e perdoasse. O filho substituiria a esposa, mas, de mim, tiraram tudo... Eu te considerava morto! Não pude suportar a felicidade insolente que escarnecia sobre minha amargura e resolvi encontrar um caminho que me levasse a meus inimigos. A passagem subterrânea, através da qual o Senhor te conduziu a mim, abri com minhas próprias mãos e com a ajuda de dois servos fiéis. Por minha própria vontade, desci com eles ao abismo, denominado "sepulcro", e lá vivi dez anos, sem luz e ar puro, trabalhando como um condenado. Os cabelos grisalhos, as rugas precoces e o rosto depauperado, tudo isso é consequência dessa vida horrível. Por isso, durante esses anos, meu coração se endureceu. Não tenho piedade nem perdão para a mulher que me levou a tal sofrimento. Não existe castigo suficiente para isso e se a traidora, separada de seu amante, apodrecer no mesmo lugar onde entrei jovem, padeci dez anos e de lá saí velho, então será apenas justiça.

Na voz de Barenkhaupt soava tal ódio implacável e seu olhar era tão pavoroso, que Boris, sem querer, retrocedeu. Aos poucos, a frieza inimiga em seu coração jovem e bondoso se transformava em piedade e interesse profundo pelo pai.

Nas palavras daquele homem, havia muito de verdade, e, além disso, de uma forma ou de outra, era seu pai. Ele, não considerando quão cruel e desumana era sua vingança, atravessara uma penosa provação; a aparência esgotada e doentia e as costas encurvadas mostravam quão caro lhe custara aquele lugar. Que inferno suportara para que pudesse conservar as forças para levar até o fim seu plano absurdo.

Sob a influência desses novos sentimentos, Boris, perturbado, aproximou-se rapidamente do pai e estendeu-lhe as mãos suplicantes.

— Pai! — disse, com voz comovida. — Não faças de mim um juiz entre ti e minha mãe, que respeito e adoro. Não amaldiçoes uma pessoa bondosa e generosa, que sempre me cercou de amor e meigas atenções. É verdade que esqueci que és meu pai pelo sangue, e sinto muito por isso e também por não ter ficado contigo; abrandaria teu coração e seria a alegria de tua solidão. Mas tudo isso não te dá o direito de ser o verdugo da mulher que amavas e que não te traiu, pois casou com outro somente porque te supunha morto.

Henry rebentou-se num riso irônico.

— Penso que a própria ideia da minha morte era-lhe agradável. Os mortos não são perigosos! Ainda tolero que tua mãe não chorasse por mim, mas não aceito o fato de que ela não conservou em tua memória nenhuma lembrança minha, este pai que te amava ternamente, e nunca te obrigou a rezar por mim nem te ensinou a venerar minha memória, já que me julgava morto. Para isso, não há nome. Dizes que sou o verdugo de tua mãe. Sim! E quero ser seu carrasco, como ela o foi para mim em toda a minha vida. Ela é uma serpente que aqueci em meu peito e idolatrei como o gênio bom de meu lar, e que pagou meu amor com indiferença, traição e ódio. E basta de falar sobre ela! Ela já está tendo o castigo merecido! E tu, meu filho, volta a teu dever, ocupa novamente teu próprio lugar e esquece o sonho doentio dos anos passados, quando estiveste no meio de pessoas estranhas. Em meus braços, sob o manto de nossa santa Igreja, tu renascerás para uma nova vida.

Boris empalideceu e voltou para trás.

– Pai! Tu exiges de mim o impossível. Em situação alguma esquecerei e olharei como se fossem estranhas as pessoas que me são caras e próximas, entre as quais cresci e amo com toda a minha alma. Aqui, sinto-me estranho, pois, pelo coração e pela fé, sou russo e russo permanecerei! Tu podes manter-me aqui, como prisioneiro, dirigir-te a mim como traidor, condenar-me à morte, mas não podes impor que abjure a santa Rússia e a fé ortodoxa.

Henry suspirou e sua cabeça pendeu pesadamente sobre o peito.

Depois, dando um salto, horrorizou-se.

– Senhor! – gritou. – Por que me permitiste viver até esta hora horrível, quando meu filho único me renega? Oh, mulher amaldiçoada! Haveria no mundo um castigo suficientemente severo para me vingar de ti por todo o sofrimento que passo por tua culpa?

Novamente entre pai e filho reinou o silêncio, interrompido somente pela respiração regular deles. Finalmente, Henry endireitou-se. Agora, tinha uma aparência altiva e impassível; somente seus olhos, profundamente caídos, transmitiam uma crueldade implacável.

– Tu não queres meu amor, não é? Então, ouve minha resolução, filho perdido, traidor do sangue que corre em tuas veias, traidor de teu Deus e de tua pátria! Pois bem! Não posso obrigar-te a amar o que odeias, não posso ensinar-te a levar com dignidade o nome de teus ancestrais, porém não admitirei que o arrastes à lama, servindo nossos inimigos. Esta torre será tua prisão e teu túmulo. Daqui, não sairás até morreres! Amas tanto Ivangorod que permaneces fiel aos moscovitas, não é? Pois bem! Espera que eles venham libertar-te. Talvez antes disso eu traga para ti a cabeça de teu benfeitor, amante de tua digna mãe, para que de bom grado possas admirar os traços do rosto de teu segundo pai, que preferiste a mim.

Não olhando para Boris, abatido por aquelas palavras e imóvel, apoiando-se no espaldar da poltrona, Barenkhaupt saiu do quarto batendo a porta atrás de si.

Boris, sem força, caiu na cadeira e baixou a cabeça. Desesperava-lhe a ideia de passar toda a vida naquela prisão. Não mantinha a menor ilusão de que o pai um dia o perdoaria por renegá-lo e por declarar-se russo e ortodoxo.

Durante toda aquela noite, Boris vagou pelo calabouço, ora fervendo de ódio, ora caindo numa grande apatia.

Três dias se passaram.

Boris enlouquecia de saudade.

A figura da mãe o seguia, e se a esperança, inseparável companheira da juventude, não o amparasse, ele, sem dúvida, teria atentado contra a própria vida.

Todavia por sua cabeça não passava ceder e submeter-se à vontade do pai; neste ponto, era demasiadamente Barenkhaupt.

Na quarta noite após o encontro com o pai, Boris estava deitado, imóvel na cama, e não dormia. O velho relógio do castelo há muito já tinha batido meia-noite; de repente, no silêncio da noite, chegou-lhe o som de um sino de uma igreja distante. Provavelmente, vinha de Ivangorod.

Ele saltou num relance, correu para a janela e, não considerando sua situação de prisioneiro, chutou toda a vidraça.

Ele não se enganara; o tinido lastimoso do sino vinha de Ivangorod, de onde se ouviam gritos e, aparentemente, reinava uma grande confusão. De repente, um grande clarão de fogo com uma luz sinistra iluminou as pessoas que corriam desordenadamente.

Boris imaginou os cavaleiros utilizando a passagem subterrânea, penetrando a fortaleza e espancando todos os que fossem surgindo à sua frente.

Um sentimento desesperado apertou seu coração. Entre as vítimas, sem dúvida, cairiam primeiro Kolytchev-Tchorny e seus filhos, a quem seu cruel pai mataria por vingança. Mas ele não podia avisar seus amigos; sentia-se, assim, um espectador impotente da destruição das casas conhecidas e da matança traiçoeira de todas as pessoas fiéis e simpáticas a seu pai adotivo.

Agarrando-se às barras da grade da janela, observava, com um olhar ímpio, o mar de fogo e fumaça que se elevava em nuvens para o céu e escutava os gritos e ruídos da batalha, que nitidamente chegavam até ele.

Em sua aflição, não pensava em seu verdadeiro pai, também exposto ao perigo. Todos os seus pensamentos estavam concentrados em Ivan Andreievitch Kolytchev-Tchorny, em Natacha, sua querida irmã, pela qual sentia surgir um amor inconsciente, e nas outras crianças. Por eles, palpitava seu coração; somente o perigo que os ameaçava o fazia tremer.

De repente, com uma alegria selvagem, percebeu o som de um clarim, a princípio distante e depois cada vez mais próximo. Graças a Deus! Chegava o reforço. Os regimentos russos, instalados na fronteira, tinham ouvido o alarme e apressavam-se a socorrer Ivangorod.

Pouco a pouco, o barulho cessou, o fogo começou a extinguir-se e tudo novamente mergulhou no silêncio.

Depois do encontro com o filho, Barenkhaupt voltara para casa, fora de si de ódio. Parecia-lhe que somente rios de sangue inimigo poderiam apagar o sofrimento torturador de sua alma. Logo no dia seguinte, Henry propôs aos cavaleiros fazer uma incursão na fortaleza inimiga. Era preciso agir de imediato, pois quem poderia garantir que algum acontecimento imprevisível outra vez não mostraria a qualquer um o segredo da passagem subterrânea, como mostrara a seu filho Otton?

Embora a proposta de Barenkhaupt fosse aprovada por unanimidade, ele teve que aguardar ainda por dois dias, até que retornassem a Narva os cavaleiros com um forte destacamento militar.

Para matar o tempo ou pelo menos aplacar a dor surda que dilacerava seu coração, Henry se ocupava com alguns reparos em sua casa.

Convém dizer que, antes de seu ingresso na Ordem, Henry, para substituir sua casa destruída pelo fogo, cujo lugar se lhe tornara repugnante, comprara outra que fora de um rico cidadão, que falecera com toda sua família.

Durante aqueles anos que Henry passara no "sepulcro", sua nova aquisição ficara abandonada. Nela vivera apenas Arend, irmão de Khristofor. Agora, Barenkhaupt, interessando-se pela casa, começara a decorá-la. Inconscientemente, obedecia a uma voz interior que lhe sussurrava a possibilidade de Otton ainda "criar juízo" – e nesse caso seria necessária ao jovem Barenkhaupt uma moradia decente.

Finalmente, chegou a noite para a qual estava determinado o ataque a Ivangorod. Um pequeno regimento, formado por pessoas escolhidas, desceu pela passagem subterrânea, sobre a qual corriam as águas ruidosas do rio Narva.

Olga, com horror mudo, via os homens armados da cabeça aos pés, que corriam ao lado de sua cama de palha e, brandindo terrivelmente as armas, desapareciam pela passagem subterrânea.

Eles lançavam-lhe olhares desdenhosos e cruéis. Nem um soldado, nem um austero cavaleiro livônio – ninguém se dignou a olhar para a infeliz mulher com simpatia. Mas Olga não notou isso. Sua cabeça estava ocupada com um único pensamento: o perigo que ameaçava seu marido e seus filhos. Eles, dormindo, seriam surpreendidos por um homem severo e impiedoso, que lhe prometera maldosamente trazer o cadáver de Ivan.

Ela, com dificuldade, ajoelhou-se e, estendendo as mãos ao crucifixo, começou a rezar fervorosamente.

Extenuada pelo fervor da reza, Olga, de novo, caiu sobre sua cama de palha, esperando com medo o retorno dos guerreiros.

O tempo lhe pareceu uma verdadeira eternidade. Eis que ruídos surdos de passos se ouviram e da abertura estreita começaram a surgir guerreiros, que passavam pela brecha usada como acesso à cova.

Uns, visivelmente feridos, moviam-se com dificuldade; outros arrastavam despojos, joias diversas e louças caras. Passou Barenkhaupt; ele também estava ferido. Sua armadura estava coberta de sangue, e um outro cavaleiro o sustentava.

Ninguém prestou atenção em Olga e não notaram como seu rosto se iluminou de alegria e esperança. Henry não lhe trouxera o cadáver do marido; então o voivoda estava vivo.

"Talvez", pensava, "ele ainda não tenha voltado de Moscou e o acaso o livrou do terrível perigo".

Entretanto, Kolytchev-Tchorny retornara a Ivangorod no dia seguinte ao desaparecimento de Boris. A notícia do acontecido fora para ele um golpe inesperado. Porém, quando o penoso sentimento inicial passou, o boiardo refletira e, com a opinião precisa que lhe era inerente, discutira as características dos fatos.

Somente Olga e Boris haviam sido vítimas do rapto misterioso, e isso circunstancialmente acarretava ao caso uma configuração de múltiplos significados.

Só Barenkhaupt, se estivesse vivo, poderia apresentar seus direitos sobre eles. Mas por que silenciara por tanto tempo e nunca se mostrara em lugar algum? Tudo isso era um mistério. Entretanto, somente ele poderia ter realizado aquele sequestro. E, se ele estivesse mesmo vivo, então seria necessário estar preparado para qualquer eventualidade, pois aquele homem severo e cruel, que tentara matar sua esposa apenas para não vê-la nas mãos do inimigo, não limitaria sua vingança a um simples rapto.

Chegando a essa conclusão, Ivan Andreievitch imediatamente tomou as medidas cabíveis. Antes de tudo, mandou, sob forte guarda, as crianças e Irina à casa do avô, para quem descrevera detalhadamente todo o acontecido.

Depois dessa primeira medida preventiva, o boiardo fizera buscas intensivas para descobrir de que forma poderiam ter sido raptados de sua casa sua mulher e seu enteado, sem que ninguém nada visse e sem que ficasse sequer um rastro deles e de seu raptor. Com relação a isso, todas as buscas haviam sido infrutíferas, e o voivoda entrara em desespero.

Entretanto, o ataque não se repetira e tudo se acalmara.

Pelo visto, a velhacaria sanguinária o apaziguara.

Quatro ou cinco dias após o retorno de Ivan Andreievitch, era noite e tudo dormia na fortaleza e na casa do voivoda. Somente algumas vozes ecoavam dos guardas, de tempo em tempo, quebrando o silêncio da noite. Apenas Kolytchev-Tchorny não dormia. Sombrio e preocupado, andava pelo quarto, pensando com tristeza nos entes queridos que haviam sido raptados traiçoeiramente de sua casa. O voivoda não pressentiu que, naquele exato minuto, da passagem subterrânea saiu um regimento alemão, que penetrou cuidadosamente pelo jardim e, através de uma viela deserta, alcançou a praça. De lá, os livônios se separaram em grupos por toda a cidade, para iniciarem a matança simultânea.

Gritos, exclamações selvagens e golpes fortes do lado de fora repentinamente chamaram a atenção de Kolytchev-Tchorny. Com surpresa, ele ouviu os ruídos que chegavam; quis agarrar a espada e lançar-se às ruas, quando, no quarto, irromperam Andrei e o falcoeiro Nikita.

– Livônios em Ivangorod! Eles estão matando e saqueando a cidade! – gritaram os dois.

Ivan Andreievitch Kolytchev-Tchorny vestiu rapidamente a armadura; de repente, ressoaram golpes de machado na porta externa. Pessoas semivestidas e o voivoda correram com armas na mão para defender a entrada. Naquele instante, a porta da frente despedaçou-se e, na casa, irrompeu uma tropa de livônios com archotes acesos. Chefiando a tropa, com a viseira levantada, encontrava-se Barenkhaupt.

Vendo que o voivoda estava vestido e armado, Henry parou, momentaneamente surpreso, mas depois se lançou contra ele com a espada em punho, gritando:

– Finalmente, encontramo-nos face a face, raptor de minha honra e felicidade! Tu, por muito tempo, escapaste de minha vingança.

– Tu que és um salteador, como toda tua digna parentela! – retrucou Kolytchev-Tchorny, dando no cavaleiro um golpe furioso no peito.

Começou uma batalha desesperada e enfurecida. Ambos, com ira, distribuíam golpes entre si. O sangue fluía nos dois. Com o ardor da batalha, saltaram para a rua e lá, encarniçadamente cegos, almejavam golpear um ao outro.

Em volta deles, fervia uma batalha sangrenta. Todos os russos que haviam conseguido agarrar as armas defendiam-se obstinadamente. Infelizmente, grande parte dos habitantes fora surpreendida dormindo e muita gente simples tombou. Os gritos e gemidos dos feridos e moribundos, o estalido do fogo, o sinal de alarma, tudo isso ainda mais exacerbava o horroroso quadro noturno.

Enfraquecido pela perda de sangue e ensurdecido pelos golpes na cabeça, Barenkhaupt começou a cambalear; seu adversário, claro, utilizaria aquele momento para matá-lo, se ele mesmo também não se sentisse estonteado. Depois de passados alguns minutos, os servos do voivoda conseguiram levar seu amo para casa e os livônios carregaram Barenkhaupt.

Uma hora se passou, o clarim deu o sinal, todos os livônios fugiram para o lugar combinado e desapareceram como que tragados pela terra. Ninguém pôde compreender onde se metera o inimigo.

Quando os regimentos russos, locados nas cercanias, chegaram, não havia mais nenhum salteador. E se os cadáveres, os feridos e a casa incendiada e saqueada não testemunhassem expressivamente a incursão dos livônios, então se poderia dizer que tudo não passara de um sonho.

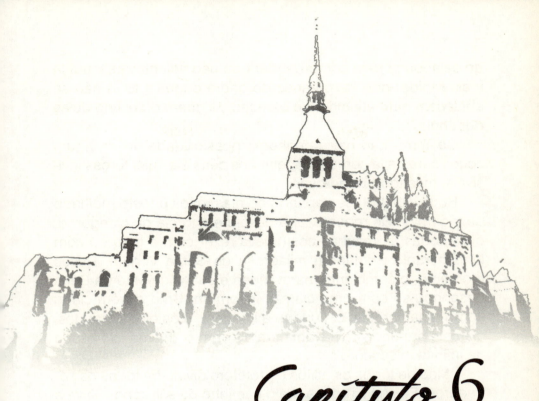

Capítulo 6

O dia seguinte ao ataque a Ivangorod, Boris passou inquieto e febril. O desconhecimento do ocorrido levou-o ao desespero. Arrancar alguma coisa do escudeiro taciturno que o servia era impossível, pois parecia não ouvir e não respondia a nenhuma pergunta dirigida a ele. Mais do que tudo, afligia-o a situação da mãe. Com a chegada das trevas e o silêncio da noite, a excitação do rapaz atingia seu apogeu.

Com horror, pintava para si o quadro do sofrimento dela. Imaginava que ela não suportaria por muito tempo tal existência. Cada dia que ela passasse naquela cova úmida e fétida custar-lhe-ia um ano de vida. E ele era impotente para fazer qualquer coisa que a libertasse! O ferro resistente da grade do calabouço fê-lo compreender que não adiantava sacudi-la mais rápido, pois as paredes de pedra daquela torre não se abalariam nem atingiriam o coração de quem o destino deles dependia.

Da Terra, não havia nenhuma possibilidade de vir algum socorro; restava somente apelar aos céus e a suas forças invisíveis, mas todo-poderosas.

Boris ajoelhou-se, tapando com as mãos o rosto molhado de lágrimas. De repente, apareceu-lhe a igreja de Ivangorod, onde todas as manhãs costumava rezar com a mãe ou com Irina perante a imagem milagrosa da Santa Virgem. Nesse momento, o semblante maravilhoso e suave da Mãe de Deus desenhou-se com uma clareza incomum. Uma nuvem clara, como uma auréola, circundou a imagem, e os olhos grandes, claros e profundos olhavam para o jovem com uma expressão de infinita misericórdia.

– Mãe de todos os aflitos e protetora divina de todos os sofredores! Ensina e mostra-me o caminho da salvação! Salva a vítima inocente, que pena no "sepulcro", cuja alma, neste minuto, com angústia, clama por ti! – murmurou Boris, enquanto de seus olhos rolavam lágrimas fervorosas. – Tu és a única, a todo-poderosa Mãe de Deus, nossa esperança, nosso refúgio e nossa defesa! Não nos negues tua clemência!

À medida que orava, a esperança e a calma cresciam em sua alma e um sentimento de felicidade apoderava-se dele. As paredes da torre como que desapareceram, e sobre sua cabeça surgiu uma cúpula de igreja decorada com estrelas. A luz suave das lâmpadas acesas diante dos ícones fazia-os cintilar; um aroma leve de incenso espalhava-se pelo ar. Tudo inspirava a calma celestial sempre reinante em um templo sagrado, e a influência benéfica que cada um sente ao entrar nele.

De repente, uma porta majestosa abriu-se silenciosamente e nela surgiu um monge alto com uma longa barba branca. Nas mãos, trazia um cálice. Aproximando-se de Boris, o monge deu-lhe de beber algo estranho e amargo, dizendo:

– A fé sem sacrifício é morta! Quanto mais pesado for o martírio, que pelo amor filial padeces, maior será a recompensa que sentirás em teu coração!

A visão esmaeceu-se e desapareceu. Boris, de novo, viu-se no calabouço, mas sua alma foi inundada por uma luz suave. Agora, diante dele, estendeu-se claramente o caminho pelo qual deveria seguir. Esse caminho era difícil e espinhoso, mas podia levá-lo à salvação.

– Santa Mãe de Deus! Cumprirei o que me inspiraste. Recebe meu sacrifício e salva minha mãe! – exclamou ele, com devoção.

Agora, seus olhos brilhavam decididamente e, em seu belo rosto, havia a marca do entusiasmo. A paz, que ainda não experimentara desde que fora preso, inundou sua alma. Ele deitou-se e dormiu imediata e calmamente.

Na manhã seguinte, quando o escudeiro chegou, Boris solicitou-lhe um pedaço de pergaminho e uma pena, e aquele, sem dizer uma palavra, atendeu-lhe ao pedido. Com grande dificuldade, misturando letras alemãs com russas, Boris escreveu o seguinte: "Pensei em tudo, pai, e quero conversar contigo. Venha ver-me".

Boris estendeu o bilhete ao escudeiro e ordenou-lhe que o entregasse ao cavaleiro Barenkhaupt.

O dia transcorreu numa espera febril, mas ninguém apareceu. Somente à noite, ao acender as velas, o escudeiro disse:

– O cavaleiro Barenkhaupt está ferido e não pode ainda levantar-se da cama.

Passaram-se alguns dias, mas o pai não vinha. Boris vivia uma expectativa constante e febril; de manhã até a noite, ficava junto à porta na esperança de ouvir o ressoar dos passos de Barenkhaupt.

Atormentava-lhe o medo de que o pai morresse antes de libertar a mãe. Essa constante tensão nervosa ia se tornando cada dia mais nociva e já se refletia na saúde do rapaz.

Finalmente, uma noite, pelo corredor, ouviram-se passos pesados; a porta abriu-se e, no quarto, entrou Barenkhaupt.

O cavaleiro estava pálido e seu aspecto parecia ainda mais abalado do que na primeira vez. Visivelmente fraco e cansado, caminhou até a poltrona com esforço, sentou-se e, com um olhar sombrio e curioso, mirou o rosto abalado do filho, que, em pé diante dele, estava lívido como a morte. Após alguns minutos de silêncio mortal, o cavaleiro perguntou:

– O que queres de mim? Vim por teu chamado. Mas tenha cautela, Otton! Não escarneças de mim! Não mais terei qualquer indulgência para com o traidor, inimigo de meu povo, filho ímpio que me renegou.

Boris deu um passo em direção ao pai.

– Deus sabe que nunca tive a intenção insolente de escarnecer-te! Eu, não gratuitamente, chamei-te para dizer o que concluí de tuas próprias palavras. Durante nossa última conversa, tu me disseste: "Tivesse tua mãe te deixado comigo, talvez eu a esquecesse e perdoasse. O filho substituiria a esposa, mas, de mim, tiraram tudo..."

Henry estremeceu e, sombriamente, olhou perplexo para o rosto pálido mas decidido do filho.

– Sim, eu disse isso. Mas ela não te deixou comigo. Explica: por que me fazes lembrar minhas palavras?

– Porque eu mesmo quero entregar-me a ti e aqui ficar, não como prisioneiro, mas como filho obediente que te cercará de amor, ternura e cuidados que te farão esquecer todo o sofrimento passado; filho que será um portador honrado de teu nome. Em troca, pedirei somente uma coisa: liberta minha mãe e permite-lhe voltar ao marido e aos filhos. Substitui a esposa pelo filho, como o farias antes.

Barenkhaupt não tirou os olhos do rosto agora animado e enrubescido de Boris, cuja voz suplicante e convincente acabava de tocar seu duro coração.

– Otton! – disse alegremente Henry, levantando-se com rapidez da poltrona. – Será que ouvi bem? Queres sacrificar-te para salvar tua mãe? Mas, menino insensato, esquece que, se eu a libertar, ela revelará aos russos o segredo da passagem subterrânea? Então, ou nossos inimigos viriam para cá, ou seríamos obrigados a obstruir o caminho, em cuja construção sacrifiquei dez anos de minha vida.

– Minha mãe nunca revelará esse segredo, enquanto eu estiver aqui como refém! – retrucou o rapaz, com vivacidade. – Tenha certeza, pai, de que o amor por mim cerrará os seus lábios e nem mesmo Kolytchev-Tchorny saberá algo a respeito disso.

Henry sentou-se pesadamente na poltrona e tapou os olhos com as mãos. Aparentemente, uma luta árdua se travava em sua alma severa e vingativa.

Boris caiu de joelhos, abraçou o pai e, com a voz estremecida de aflição e lágrimas, murmurou:

– Faze uma concessão, pai! Sê bondoso e magnânimo! Lembra as palavras de Cristo, que propõe o perdão às ofensas! Essas palavras se referem a todos os cristãos, tanto a católicos quanto a ortodoxos. O que significa para ti uma mulher que nunca te amou, cujo coração pertence completamente a outro? O que trará para ti sua morte? Tu já a castigaste severamente. Em breve, já serão duas semanas que ela se martiriza naquele abismo horrível. Perdoa enquanto é cedo, para que nenhum remorso envenene tua vida. Recebe-me em troca dela. Será que, para ti, é mais agradável que eu morra lentamente nesta torre, em vez de me ter como amparo de tua velhice, teu herdeiro em armadura de cavaleiro, com orgulho carregando teu antigo nome?

– Tu prometes demasiadamente! Tu não me amas e teu sacrifício em breve se tornará muito pesado! – respondeu Barenkhaupt, com ardor.

– Não, nunca me lamentarei ou me infelicitarei por ter cumprido meu dever filial duplamente: salvar a mãe e curar a ferida do coração do pai. Quero ser bom filho. Tu mesmo verás como te amarei e como, por toda a minha vida, te serei grato pelo grande sacrifício que realizarás por amor a mim. Cede, querido pai, esquece e perdoa! Não negues ao filho seu primeiro pedido!

Barenkhaupt, meditando, baixou a cabeça sobre o peito. A voz carinhosa e o olhar caloroso e suplicante do filho comoveram-no, e a crosta de gelo que cobria sua alma furtivamente se derreteu.

Lágrimas ardentes, desconhecidas a seus olhos, sufocavam-no impetuosamente; abraçou o filho, estreitando-o contra o peito.

Nesse primeiro carinho, brusco e rude como toda a sua existência, extravasaram-se de imediato o fel, o sofrimento e o ódio, acumulados pelos anos no coração irritado de Henry.

O abraço apaixonado, a respiração ofegante do pai e o tremor dos lábios roçando sua fronte pela primeira vez mostraram a Boris o quanto fora infeliz aquele severo vingador.

Boris, influenciado e animado por uma simpatia intensa e verdadeira pelo pai, enlaçou-se a seu pescoço, apertando a cabeça de cabelos anelados contra o ombro. Nesse instante, pai e filho permaneceram silenciosamente abraçados. Depois, Barenkhaupt beijou-o mais uma vez na testa, levantando-se.

– O amor filial grande e puro a ti incutido por aquela mulher indigna, que furtou minha vida, ganhou a questão – disse ele. – Por tua felicidade, concordo em libertar a traidora. Que ela volte para aquele que ama. E tu tornar-te-ás meu consolo.

Inflamando-se de alegria, Otton agarrou a mão do pai e a estreitou contra seus lábios.

– Obrigado, obrigado, pai, por tua generosidade! Só agora compreendo o quanto me amas. Deste minuto em diante, esforçar-me-ei por ser digno de teu amor. Quando libertarás minha mãezinha?

Um sorriso irônico e triste aflorou nos lábios do cavaleiro.

– Hoje mesmo. Vem comigo a meu quarto. Lá discutiremos todos os detalhes. Ainda estou fraco e sinto-me cansado.

Otton seguiu o pai. O jovem agora estava novamente pálido, porém calmo; decisivamente o filho legítimo de Henry Barenkhaupt expulsava todo o pensamento relacionado ao sofrimento iminente que adviria da separação perpétua de todos aqueles que lhe eram caros. Chegando a casa, Barenkhaupt deu ordens para servir o jantar, e despejou o vinho em uma taça, oferecendo-a a Otton. Disse ao filho que tencionava mandar Khristofor buscar Olga – ou Rosalinda, como ele a denominava – e levá-la para sua casa na cidade, para que ela descansasse e trocasse de roupas. Depois, ele a levaria para a terra russa, de onde poderia facilmente alcançar Ivangorod.

– Pai, permite-me despedir-me dela? – perguntou timidamente Otton.

– Sem dúvida, minha criança! Amanhã de manhã, apresentar-te-ei aos cavaleiros da Ordem e ocupar-me-ei de teu equipamento; depois, iremos à minha casa e passarás com tua mãe todo o tempo até sua partida. É teu direito inalienável despedir-te daquela por quem te sacrificarás, pois, no fundo da alma, certamente preferirias ir com ela a ficar comigo – acrescentou Barenkhaupt.

Otton enrubesceu.

– Lá cresci, pai. Lá ficaram minha irmã e meus irmãos amados; tu mesmo sabes que o hábito é a segunda natureza. Porém, eu te juro, pai, que minha decisão se tornou metade mais leve, desde o momento em que te conheci melhor. Quando me acostumar com minha nova vida, então, sem dúvida, serei tão feliz quanto o fui antes.

– Tenhamos esperanças, minha criança! Porém, conta-me sobre teu passado, sobre a irmã e os irmãos que mencionaste. Gostaria de saber como vivias.

Otton, de bom grado, cumpriu seu desejo. Sentindo, intuitivamente, que tudo o que se referisse à felicidade conjugal da mãe e de Ivan Andreievitch seria duro para o pai, falou mais sobre o avô e Natacha.

A conversa deles foi interrompida por Khristofor, que entrou. Não obstante sua nova condição de cavaleiro, o ex-escudeiro se dirigia a seu antigo senhor com o habitual respeito e a mesma obediência de sempre, não apenas pela força do costume, mas sobretudo porque a valentia, a coragem e a energia incomum de Barenkhaupt haviam incutido no velho servidor um respeito profundo e uma fé cega no cavaleiro.

Khristofor ficou visivelmente satisfeito com a reconciliação entre pai e filho. Felicitou Otton pelo retorno ao sangue paterno e comunicou que, com satisfação, durante a madrugada, desceria ao abismo e levaria Rosalinda à casa de Barenkhaupt.

Já era muito tarde quando se foram, porém Otton não pôde dormir. No silêncio da noite, seu coração tremia com a ideia de sacrificar-se duramente.

Para toda a vida, tornar-se-ia um prisioneiro ali, entre pessoas estranhas ou mesmo inimigas.

Dali para frente, ele seria, inclusive, obrigado a dividir com eles seus interesses, sua fé e talvez até mesmo a lutar contra aqueles a quem amava com toda a sua alma. Boris abdicara de cada felicidade pessoal. No entanto, não queria lamentar o sacrifício e, com coragem, expulsou os tristes pensamentos. Por fim, uma oração fervorosa devolveu-lhe a tranquilidade, e ele, debilitado e cansado, deitou-se e dormiu.

De manhã, Khristofor chegou e informou ao cavaleiro que sua ordem fora cumprida: Rosalinda, naquele presente minuto, encontrava-se em Narva, em sua casa. Depois, acrescentou que a prisão pesada tivera um efeito destruidor na saúde da jovem mulher, que, de tão fraca, poderia chegar rapidamente à morte.

Khristofor tivera que carregá-la nos braços por todo o caminho, pois as pernas da mãe de Otton se recusavam a servi-la. Mal haviam entrado na casa de Henry, Rosalinda perdera os sentidos. Apesar de tudo, tivera sorte de voltar a si; depois de ser alimentada e de haver bebido vinho, Rosalinda adormecera.

– Na verdade, não sei como a mandaremos hoje para a terra russa. Rosalinda não está em condições de andar e necessita extremamente de descanso. Além disso, precisa de roupas. Em sua camisola rasgada, semelhante a farrapos, não pode se apresentar na rua – acrescentou Khristofor.

– Tudo isso são bobagens! Leva-a amanhã à noite! Hoje, esforça-te para conseguir-lhe roupas decentes – respondeu Barenkhaupt.

Ao saber que sua mãe saíra do terrível calabouço e que até a noite seguinte iria descansar da tortura e do sofrimento, Otton acalmou-se e docilmente cumpriu todos os desejos do pai.

Ele deu as medidas, escolheu o tecido e discutiu com o costureiro o modelo do vestido para a mãe. Durante a apresentação aos cavaleiros da Ordem, agradou a todos pela graça, pela modéstia, pela precisão e pela firmeza de suas opiniões, e pelo empenho manifestado em estudar firmemente o alemão e todos os exercícios militares necessários a um cavaleiro.

Inclusive o capelão, escolhido por Otton para seu confessor, ficou satisfeito com sua declaração ponderada e respeitosa de que, ao aceitar o nome dos Barenkhaupt, retornava à religião de seu pai.

Todos felicitaram Barenkhaupt por ele ter encontrado o filho, que não só prometera tornar-se um herdeiro digno, como também ser motivo de orgulho público.

À noite, Barenkhaupt foi com o filho para Narva. Henry estava extraordinariamente suave e conciliador; elogios dirigidos ao filho enchiam o coração do cavaleiro de felicidade e orgulho.

Alegre e conversador, como não tinha sido durante muitos anos, Henry entrou no quarto, onde Olga dormia no divã.

Ela despertava somente para se alimentar, e em seu rosto emagrecido e pálido como cera percebia-se um terrível esgotamento. Mas, apesar de tudo, estava maravilhosa; seus cabelos exuberantes, dourados e loiros, destacavam-se de sua cabeça como uma auréola de ouro.

Otton, com amor e simpatia, olhou para a mãe. Como ela havia mudado! Quanto sofrera! Agora, graças a Deus, tudo estava consumado. Amanhã, ela estaria com Ivan Andreievitch, e o amor e os cuidados do boiardo atenuariam os traços do sofrimento de sua tortura.

Ideias de outro teor nasceram no pensamento de Barenkhaupt, quando, aparentemente frio e inflexível, olhou com hostilidade para a jovem mulher deitada à sua frente.

Nutrindo por Olga somente ódio e desprezo, por ora ele a considerava em seu poder e para sempre separada de seu odioso rival. Mas a necessidade urgente de devolvê-la ao homem que a amava com paixão fez, de imediato, despertar nele o ciúme que transtornava sua alma.

Otton não suspeitava de tal golpe funesto. Alegre com a salvação da mãe, seguia confiantemente o pai, e se, no dia seguinte, de maneira pudera avistar-se com a mãe, em sua cabeça não passou que todos os obstáculos fossem premeditados.

Finalmente, depois do almoço, Otton entrou com o pai na casa de Narva e, com a permissão de Henry, correu imediatamente para o quarto, onde estava sua mãe.

Olga esperava, com medo e impaciência. Ainda não sabia que sorte a aguardava e não podia imaginar que o marido lhe perdoara. Um pensamento a fazia tremer: o perdão certamente estaria condicionado a algumas exigências.

O medo crescia a cada hora e a tensão nervosa atingia seu ápice, quando, de repente, a porta do quarto se abriu com ruído e Otton impetuosamente se lançou em seus braços. Filho e mãe não desconfiavam de que, do quarto vizinho, cuja existência desconheciam, através de um pequeno orifício em uma pintura mural – frequentemente utilizada na Idade Média –, Barenkhaupt observava o encontro deles.

Queria saber sobre o que iriam conversar, mas teve suas intenções frustradas, pois não contava com a circunstância particular de que Otton e Rosalinda iriam falar em russo, e essa língua ele absolutamente não entendia.

Mais ou menos, intuitivamente, os gestos e as expressões do rosto dos dois permitiram-lhe, em parte, seguir o fio da conversação.

Antes de tudo, supunha Henry, Otton, na certa, comunicara à mãe sobre sua decisão e sobre as condições impostas por ele para libertar Rosalinda; o claro desespero da jovem mulher e sua recusa veemente em aceitar o sacrifício filial mostravam que Otton lhe falara sobre o preço que teria de pagar pela liberdade da mãe.

Mas o rapaz aparentemente insistia em seu ponto de vista. Ela se desfazia em prantos. Finalmente, Rosalinda estreitou-o em seus abraços, cobrindo-o com beijos amorosos.

Com um olhar sombrio e irado, Henry acompanhava todos os lances daquela cena comovente, e Rosalinda cada vez mais o submetia ao encanto de outrora.

Pálida e magra em decorrência dos dias terríveis na prisão, e em seu vestido de lã escura, Rosalinda, com nitidez, recordava-lhe os primeiros anos de seu casamento, quando ela administrava a casa.

Então, como no passado, ela, graciosa e meiga, sentava-se na poltrona de encosto alto.

Os cabelos dourados escapavam por baixo do gorro preto de veludo, e as pesadas tranças acentuadamente destacavam-se sobre o tom escuro do vestido.

Henry respirava com dificuldade; o sangue subira-lhe à cabeça, as ideias remoíam-se, cada vez mais tempestuosas.

A conversa repentinamente atraiu-lhe a atenção outra vez.

Agora, com certeza, o assunto era a passagem subterrânea. Otton contava algo, e parecia exigir a conservação de segredo. No rosto de Rosalinda, apareceu uma expressão de piedade e simpatia. Depois, persignou-se, estendeu a mão para o crucifixo pendurado na parede e, com um tom solene, pronunciou algumas palavras.

"Ele obrigou-a a jurar que guardará segredo", pensou Barenkhaupt. "Rapaz nobre e honrado! Por que tenho que martirizar seu coração e golpear o mais legítimo dos sentimentos, o amor à mãe, para ganhar também minha parte, embora pouca, do afeto filial?", murmurou o cavaleiro.

Ele voltou-se e saiu do quarto vizinho.

Barenkhaupt, devagar, foi até a poltrona e sentou-se para refletir. Seu coração batia com força e o sangue fervia como no tempo da juventude. O amor – que considerava apagado e transformado em ódio – solenemente ressuscitara em seu coração, contrariando a razão e a vontade. A ideia de que a mulher adorada – pertencente a ele pela lei de Deus e dos homens –, naquele minuto, estava sob seu teto fê-lo esquecer, inclusive, que tinha ingressado na Ordem. Reviveu-lhe na memória o quadro da antiga vida em comum e todo o ocorrido no passado.

Henry conhecera Rosalinda ainda criança no castelo da mãe dele. A menina acanhada e selvagem sempre fugira dele obstinadamente; já naquele tempo, mil pequenos acontecimentos deveriam ter-lhe aberto os olhos para a hostilidade daquela pequena inimiga, que nunca se acostumara nem se misturara em seu meio.

Depois, lembrou-se do dia funesto em que decidira seu destino. Voltavam, ele e o avô Konrad Levental, de uma incursão à região de Pskov, orgulhosos e contentes com as façanhas e a rica pilhagem de objetos valiosos. E eis que, em virtude da doença da mãe dele, Rosalinda fora para a aclamação da chegada.

Parecia-lhe que ainda a via: esbelta, leve como um ente celeste, em pé na escada de honra, com um longo vestido de veludo azul, enquanto seus maravilhosos cabelos dourados a envolviam como se fossem uma capa.

O olhar do avô Konrad Levental nublara-se em lágrimas perante a visão daquela escultura viva da mulher que ele tão enlouquecidamente amara. E Henry ficara absolutamente enfeitiçado por Rosalinda. Com o vinho oferecido por ela, bebera também o irresistível amor que o dilacerava até agora.

Ele começara a galanteá-la, falando com recato à donzela que se mantinha discreta e parecia esforçar-se por evitar uma declaração de amor. Quando, finalmente, lhe perguntara se estava de acordo em tornar-se sua esposa, Rosalinda respondera que "sim" de uma forma muito estranha, inclusive sem tê-lo mirado, mas dirigindo seus olhos tristes a um lugar qualquer no espaço. Tolo e cego que fora! Como não notara, como não compreendera que o coração daquela adolescente de 16 anos somente ocultava aversão e que apenas a consciência de sua fraqueza e a impossibilidade de qualquer oposição aos "senhores" haviam-na feito exclamar o odioso "sim"?

Na ocasião, não admitira a ideia de não ser amado, pois fazia bastante sucesso entre as mulheres. Seu porte alto e esguio, e sua beleza viril, embora um tanto rude, faziam palpitar intensamente os corações maleáveis das alemãs. Sabia que lhe bastava apenas escolher entre as filhas dos nobres cavaleiros, e tinha certeza de que, em qualquer lugar, seria recebido com alegria. Poderia, alguma vez, supor que uma moça desconhecida, prisioneira, e que pouca glória lhe dava, seria sua esposa?

Lembrou-se com clareza sobretudo do dia do seu casamento. Como estava feliz – e principalmente cego, atribuindo, antes de qualquer coisa, ao acanhamento da noiva a frieza e a indiferença visíveis com as quais recebera os inúmeros presentes e as manifestações de carinho.

Branca, em seu vestido de brocados, com os olhos obstinadamente voltados para o chão, chegara à igreja. Sua mão tremia a tal ponto, que por pouco não deixara cair a aliança.

Depois, na memória, surgiu uma cena que, na ocasião, não entendera, mas que agora se explicava, graças a uma nova interpretação. Tinha acontecido na noite daquele mesmo dia. Ansioso e apaixonado, entrara impaciente no dormitório dos nubentes e vira que a jovem mulher estava junto à janela, com o rosto encostado no vidro, como um pássaro assustado que procurasse sair da gaiola.

Alegre e sem preocupações, abraçara-a pela cintura, atraindo-a para o divã.

– Basta, bobinha, não temas! – dissera, enquanto a beijava meigamente. – Compreende, eu te adoro! Para provar-te isto, expressa qualquer desejo e prometo cumpri-lo, seja o que for.

Rosalinda timidamente levantara para ele seus olhos tristes, repletos de lágrimas, e, estreitando a cabeça para junto dele, murmurara:

– Henry! Quando estivermos sozinhos, chama-me de Olga, como me chamava minha mãe. Sentirei que estaremos mais próximos um do outro. O outro nome, pelo qual me chamas, sempre me faz recordar acontecimentos que gostaria de esquecer.

Aquele pedido infantil, naquela ocasião, levara-o à indignação. Ele, grosseiramente, empurrara Rosalinda e respondera-lhe, severo:

– Não te envergonhas? No mesmo dia em que te tornas esposa do cavaleiro Barenkhaupt, pensas em nossos inimigos e desejas de volta o nome bárbaro, para sempre suprimido por teu novo batismo! Ingrata! Sendo tu prisioneira de guerra, poderia fazer-te minha concubina, mas te fiz minha esposa. E, depois dessa honra e desse benefício que minha família te concedeu, ainda ousas chorar e lamentar tua pátria, aquela terra selvagem! De agora em diante, fica sabendo que te proíbo de uma vez por todas de tocar nesse assunto aviltante! E cuidado para que eu não mais ouça tais pedidos tontos e delituosos! És católica e alemã tanto quanto eu e como também serão nossos filhos! É teu dever ser católica e alemã também em teu íntimo, como todos nós.

Rosalinda empalidecera e, como uma folha, tremera ao escutá-lo. Depois, desatara em prantos convulsos.

Suas lágrimas haviam tocado Henry, que tentara, com carinhos, suavizar a impressão de sua severa repreensão. Mas, desde então, sua jovem esposa fechara-se e ele nunca mais sondara sua alma. Naquele mundo ignorado por Henry, pudera, então, surgir e amadurecer um plano de traição, cuja consequência para ele fora a perda da esposa e do filho.

Ele ficara feliz e orgulhoso quando nascera a criança. Agora lhe vinham à mente as longas noites de inverno, quando, estando em casa, ficava junto à lareira, enquanto à sua frente Rosalinda girava a roca e narrava ao pequeno Otton uma passagem ou um acontecimento da História Sagrada, e o menino, sentado em um banco junto às pernas dela, com os olhos brilhantes, prestava atenção àquelas narrativas.

Quase o mesmo quadro ele via agora no quarto vizinho. Rosalinda, sentada na poltrona de encosto alto, e Otton, sentado em um banco junto a suas pernas, falando-lhe algo com animação. Ah! Se ambos ficassem com ele... Ficaria satisfeito apenas em vê-los juntos. E como Otton ficaria contente se sua mãe permanecesse ao seu lado!

Não! Era preciso ser louco para concordar com a condição proposta pelo filho. Nunca! Ele, inclusive, tentara matar Rosalinda apenas para que ela não fosse parar nas mãos dos inimigos! Como poderia agora concordar com a exigência do filho e de boa vontade devolvê-la para o rival, para o homem que a amava e com o qual ela seria feliz longe dele – o marido traído?

Saltando da poltrona, Henry, em sua aflição febril, pôs-se a andar pelo quarto. Um ciúme feroz o dilacerava; novamente despertava em sua natureza tudo o que havia de tirano e diabólico.

Passados alguns minutos, Barenkhaupt, como se tivesse resolvido algo, apressadamente saiu do quarto.

Olga continuava a conversar com o filho calmamente, aproveitando os últimos minutos que passariam juntos. Quantas coisas para falar um ao outro! Otton pediu à mãe para transmitir lembranças, beijos e amor eterno a todos aqueles que visse e dos quais ele se separaria para sempre.

Eles trocaram recordações, forçando sorrisos para dissimular a saudade em face da separação que se aproximava.

À chegada da mulher que servia, Olga interrompeu a conversa.

– Senhor Otton! Ordenaram-lhe que se despeça de sua mãe. E, à senhora – disse, dirigindo-se a Olga –, ordenaram que se prepare para a partida – concluiu, respeitosamente, a criada.

Tendo feito uma profunda reverência, saiu do quarto, fechando a porta atrás de si.

Filho e mãe se abraçaram. Depois de um último beijo, Otton separou-se da mãe.

– Adeus, querida mãezinha! Sê feliz e reza por mim, como sempre rezarei por ti. Transmite meus beijos e estreitas recordações a meu padrasto, a meu avô e às crianças.

Depois de dar um último beijo na mãe, Otton correu do quarto, pois não queria irritar o pai com um atraso excessivo.

Olga ficou só e cobriu-se com a capa preta que lhe haviam levado. Mas Khristofor não chegava, e ela novamente se sentou na poltrona.

Seu coração se afligia com a ideia certa de que nunca mais veria seu filho generoso. E, contudo, queria o mais rápido possível sair daquela casa, pertencente a um homem cruel e severo, que lhe inspirava medo e incerteza. Ela sentia saudades de Ivan Andreievitch, que provavelmente a tinha como morta, e dos filhos pequenos, que deveriam estar sofrendo loucamente com sua ausência.

    Absorta em seus pensamentos, fitando o espaço, encostou a cabeça no espaldar da poltrona e não notou quando a porta abriu-se e surgiu Barenkhaupt. Durante um minuto, ele, calado, observou-a; depois, rapidamente, aproximou-se de Olga, e o ruído de seus passos tirou-a de sua meditação.

    Conhecendo o marido e encontrando seu olhar sombrio e devorador, Olga empalideceu mortalmente, endireitando-se com horror. Só naquele momento, à luz de duas velas de cera acesas, ela pôde enxergar com clareza a terrível mudança ocorrida em sua aparência.

    – Eu te assusto! – disse o cavaleiro, rindo secamente. – Ao contrário, deverias encantar-te com o trabalho feito por tuas mãos e alegrar-te vendo o que fizeste comigo em 11 anos. Os cabelos grisalhos, as rugas precoces e o rosto esgotado, tudo isso é obra tua.

    Henry, dominado por uma fúria repentina, aproximou-se da jovem mulher, agarrando-a pelo braço.

    – Responde, traidora sem coração, que te fiz para que me tiveste arruinado, despedaçado meu coração em farrapos, roubado minha felicidade, minha alegria, meu filho e minha juventude? – bramiu roucamente. – Tudo o que existe de sagrado e caro para um homem, tudo me tiraste, sujaste e pisoteaste. Além disso, roubaste de mim até o coração de meu menino e apagaste meu nome da memória dele. Ele cresceu considerando-me um inimigo, um monstro qualquer. Que fiz para merecer tudo isso? Eu te amei e respeitei, cerquei a ti e ao menino com toda a minha ternura e os meus cuidados. Pela minha lealdade, pagaste-me condenando-me a tais suplícios que somente no inferno se poderia passar. E ainda ousas rezar a Deus, após teu vergonhoso perjúrio? Não seria diante do mesmo Cristo, reverenciado tanto pelos ortodoxos quanto pelos católicos, que juraste ser fiel a mim por toda a vida? E o que fizeste? Responde, criatura ímpia e desprezível! Em qual religião está escrito que uma mulher pode ter legalmente dois maridos vivos?

Olga, aterrorizada, com o corpo todo tremendo, escutava-o. Cada palavra dele a golpeava como um martelo. Sim, Henry tinha razão! Ela era terrivelmente culpada perante ele. Cega de ódio pelo cavaleiro e de amor por Ivan Andreievitch, ela, com alegria, agarrara-se à notícia da morte de Barenkhaupt e, não buscando informações mais precisas, contraíra o segundo matrimônio.

Esquecendo toda a bondade e amor que dedicara ele, somente com ódio, via nele o inimigo de sua pátria. Graças a ela, também, Otton esquecera-se de que tinha pai. Sim, as acusações de Henry eram justas e suas recriminações, merecidas. Com um sentimento completamente novo, Olga olhava agora para os cabelos grisalhos de Henry e para seu rosto extenuado. Em seu coração, haviam despertado o remorso e a piedade. Obedecendo a esse novo ímpeto, caiu de joelhos; agarrando a mão do marido, estreitou-a contra os lábios.

– Tens razão, Henry! Sou uma criminosa, uma ingrata para contigo! – murmurou. – As circunstâncias me arrastaram. Perdoa, se puderes, minha fraqueza! Não me obrigues a carregar este terrível remorso e o ônus horrível de tua maldição!

Barenkhaupt estremeceu ao sentir em suas mãos as lágrimas ardentes. Ele inclinou-se e respondeu surdamente:

– É sincero teu arrependimento, Rosalinda?

– Como podes perguntar isso? – respondeu com recriminação.

Nos olhos escuros de Barenkhaupt, algo cintilou.

– Nesse caso, demonstra-o com uma ação! Desiste do concubinato culposo com o moscovita e permanece aqui espontaneamente! Ouviste bem: fica voluntariamente para te dedicares a nosso filho. Com esta condição, tudo te perdoo.

Percebendo o horror que se refletira no rosto desconcertado e nos olhos arregalados de Olga, ele sorriu amargamente.

– Não penses que quero manter-te para mim! – acrescentou. – Ingressei na Ordem, já não posso mais ter esposa. Além do mais, sou muito orgulhoso para me ligar a uma mulher que por mim alimente repulsa. O que te peço, eu o faço por Otton. Ele te ama! Vendo-te perto, sentir-se-á feliz. O menino generoso mereceria inteiramente que também te sacrificasses por ele.

A cabeça de Olga girava. Era evidente que amava Otton com toda a sua alma; mas lá, em Ivangorod, haviam ficado Ivan Andreievitch e três filhos não menos caros para seu coração. A ideia de perdê-los para sempre, de perdê-los no instante mesmo em que calculava que dentro de algumas horas iria unir-se a eles, era-lhe insuportável. Sem querer, Olga murmurou:

– Oh! Melhor morrer a viver separada de Ivan!

Essa frase foi dita tão fracamente que mais pareceu um suspiro. Mas, apesar de tudo, Henry entendera aquelas palavras e saltou como uma serpente. O amor que soara naquela frase, e que com clareza refletira-se no olhar e no rosto imóvel de Olga, acendeu o ciúme e a paixão contida de Barenkhaupt. Todo o sangue subiu-lhe à cabeça, a vista turvou-se e ele, tremendo de ira, gritou roucamente:

– É este teu arrependimento, libertina? Tu és tão honrada mãe quanto esposa casta! Nada mais tenho para falar contigo.

Com essas palavras, voltou-se e, como um furacão, saiu correndo do quarto. Retornando a seus aposentos, caiu na poltrona e, com as mãos, apertou a cabeça que ardia.

Tudo girava à sua volta. Arquejando, rasgou a gola da camisa. Encostando a cabeça no espaldar da poltrona, Henry sentou-se, imóvel, respirando com dificuldade.

O que acontecia naquele instante na alma sombria e endurecida daquele homem terrível? Quando se endireitou, parecia calmo. Somente em seus olhos brilhava algo de mau.

Ouvindo batidas na porta, Henry levantou-se, arrumou a camisa e ordenou duramente:

– Entra!

Era Khristofor, coberto com uma capa escura, trazendo na cabeça um gorro largo.

– Vim para levar Rosalinda. Tudo está pronto. O barco, eu...

Nesse minuto, Khristofor deparou com os olhos de Barenkhaupt e imediatamente se calou. Ele conhecia suficientemente bem seu ex-patrão e compreendeu que algo terrível havia sido resolvido.

– Senta-te, Khristofor! Tenho que falar contigo sobre assuntos muito importantes – disse Henry, sentando de novo na poltrona.

Inclinando-se em direção a seu fiel companheiro, começou a sussurrar.

Horror e repulsa manifestavam-se no rosto empalidecido de Khristofor. A princípio, fez um gesto agudo de negação, depois começou a ficar visivelmente indeciso e, finalmente, com resignação sombria, baixou a cabeça.

– Compreendo tua repulsa, mas teu dever é sacrificar-te pelo bem da Ordem, que te deu as esporas de ouro – observou Barenkhaupt.

– Eu sei quais as obrigações a que minha dignidade de cavaleiro me submete e não me abstenho delas – respondeu lugubremente Khristofor.

Pegando o gorro, saiu do quarto.

Capítulo 7

Coberta por uma capa, Olga ia, guiada por Khristofor, pelas ruas escuras e desertas de Narva que conduziam ao castelo.

— Meu filho falou que o senhor me levaria para Ivangorod em barco – observou a seu acompanhante, olhando com tremor involuntário para a enorme fortaleza alemã, escurecida pelas trevas da noite.

Como queria estar o mais depressa possível na terra natal! Mesmo de Ivangorod partiria imediatamente. Só muito longe daquele lugar se sentiria fora de perigo.

— Sim, o cavaleiro, a princípio, pensava em fazer desta forma. respondeu Khristofor. – Mas, depois de pensar bem, achamos que era muito arriscado. Os soldados russos estão por toda parte e poderiam feri-la antes que a reconhecessem.

E, atualmente, de maneira alguma me é permitido atracar na terra inimiga. Por isso, resolvemos conduzi-la pela passagem subterrânea. Certamente, a senhora conhece o segredo da saída.

— Sim, Otton me falou que o poço de saída dá em nosso jardim e está fechado por uma porta levadiça coberta por grama. Por isso, Henry pôde me raptar sem ser notado.

— Exato! Então, do jardim a senhora sairá para uma viela e, logo depois de atravessar a praça, chegará a casa. Essa é a vontade do cavaleiro.

— Como, então, poderei explicar minha volta a Ivangorod, sem revelar o segredo da passagem do subterrâneo? – perguntou Olga, com preocupação.

— Isso já é assunto seu! Claro que a senhora deverá inventar algo que pareça verdadeiro, pois espero que compreenda toda a importância desse segredo.

— Sim, compreendo, meu bom Khristofor. Jurei guardar esse perigoso segredo e o senhor pode estar certo de que manterei meu juramento.

Não obtendo resposta, Olga calou-se e continuaram seu caminho em silêncio. Sob a luz fraca do archote aceso por Khristofor, desceram o subterrâneo, passaram o abismo e entraram, finalmente, em uma galeria estreita.

Ainda fraca e exausta pelos sofrimentos suportados, Olga perdia o fôlego e andava devagar.

Ela respirava com dificuldade e sentia-se pesada.

Cada passo a separava para sempre de seu filho magnânimo, e a lembrança de Barenkhaupt a perseguia como um pesadelo.

Ela não podia lembrar sem aflição do rosto desfigurado de Henry e da expressão raivosa de seu olhar.

Eles já tinham percorrido praticamente a metade da passagem, quando, de repente, Khristofor deu um passo para trás e, com a mão mantida sob a capa, puxou um punhal. Uma lâmina surgiu no ar e cravou-se até o punho nas costas da jovem mulher. Um grito surdo, e ela caiu com o rosto na terra.

Khristofor inclinou-se sobre ela, virando-a. Um único olhar foi suficiente para constatar que o golpe fora perfeito. Olga estava morta.

Então, ele baixou para buscar uma picareta e uma pá e, sob a luz opaca do archote, começou a abrir uma cova na parede da galeria.

Depois, iniciou o sepultamento. Naturalmente, o severo guerreiro vira durante sua vida muitos cadáveres, porém nunca passara por sensação tão horrível. Os olhos da vítima estavam arregalados de tal forma que seu olhar vítreo parecia não se desgrudar do seu verdugo. Expulsando de si aquela fraqueza vergonhosa, Khristofor retirou o punhal da morta, enrolou com cuidado o corpo com a capa, depositou-o na sepultura e, precisamente, cobriu-o com terra.

– Tu levarás contigo o segredo de nosso trabalho, pobre Rosalinda – murmurou. – Perdoa-me pela atitude infame, mas não podia sacrificar mais de dez anos de trabalho. Como poderíamos ter certeza de que, num minuto de fraqueza, não nos entregarias aos inimigos e os malditos moscovitas não viriam e degolariam a todos nós?

Concluído o trabalho, ele se ajoelhou, rezou o *Pater noster* e a *Ave*, persignou-se e tomou o caminho de volta. Seu rosto estava carregado, e as sobrancelhas espessas se moviam ameaçadoramente.

– E se tu, Barenkhaupt, agiste somente sob a influência de um ciúme brutal e não por recear pela segurança da Ordem? – resmungou. – Então, significará que realizei um assassinato inútil! – Sua mão convulsivamente apertou o cabo do punhal ensanguentado.

Henry Barenkhaupt andava pelo quarto em uma aflição febril. A convulsão desfigurava seu rosto pálido e seu olhar se inflamava de tempos em tempos; nervosamente, atirou para trás sua espessa cabeleira grisalha, como se as mechas de cabelos lhe queimassem a testa molhada de suor.

Escutando, no cômodo vizinho, o ruído de passos pesados, ele, sem querer, sobressaltou-se e sentou-se à mesa, sobre a qual ardiam duas velas de cera em candelabros de prata maciça.

Khristofor entrou. Não olhando para Barenkhaupt, aproximou-se e atirou sobre a mesa o punhal ensanguentado.

– Rosalinda está morta! – disse secamente, com voz quase ameaçadora. – Que o Senhor nos julgue: a mim, instrumento de homicídio, e àquele que colocou em minha mão a arma mortal. Que o sangue inocente caia sobre aquele que planejou o crime, único conhecedor de sua verdadeira razão.

Khristofor, sem se despedir, virou-se e saiu.

Ficando só, Henry apoiou-se na mesa, não afastando os olhos do punhal, cuja lâmina estava coberta de gotas vermelhas. Era o sangue de Rosalinda, a mulher que amara loucamente, amara até o crime, até a perdição da própria alma.

É verdade que sofrera muito por ela, mas também se vingara severamente. Castigara-a, torturara-a e julgara-a segundo a maior punição que os homens conhecem no código penal: a pena de morte.

Sim, fora juiz implacável. De repente, uma voz interior e consciente murmurou-lhe: seria a culpa dela tão grande quanto o seu castigo? Seria ela a única culpada de tudo? Poderia ele não se acusar de nada a respeito de sua relação com a executada, cujo sangue banhara a lâmina de aço daquele punhal? E, na memória de Barenkhaupt, com uma nitidez dolorosa, ressurgiu a figura meiga de Rosalinda, com seu olhar triste e pensativo, e um tremor gelado percorreu o corpo do mandante do assassinato. Ele sempre fora o amo e não o amigo daquela jovem criatura tímida e solitária; ele nunca buscara sua confiança; ele a ligara a si pelos laços da lei e não do coração e, assim, ela fugira e, sem remorsos, deixara-o.

Incompreensíveis são os mistérios do coração humano. O amor e o ódio amoldam-se numa pessoa, por assim dizer, sob um mesmo teto. O ódio dita as sentenças terríveis, esperando encontrar, na vingança, a calma e a reparação; mas, por estranha ironia do destino, frequentemente no sangue derramado, o ódio se afoga e a sede de vingança desaparece com a ausência do objeto para o qual ela se orientava. Processo semelhante ocorria agora na alma de Barenkhaupt. Pela primeira vez, ele próprio se julgava e fazia um balanço de suas culpas. Rosalinda, de culpada, transformara-se em vítima. Henry parecia sentir ainda em sua mão o contato de seus lábios, de suas lágrimas ardentes; via os olhos dela levantados para ele, com uma expressão de arrependimento e simpatia calorosa.

Aqueles olhos haviam-se apagado, e os lábios para sempre se haviam fechado. Um sentimento amargo de piedade tardia, de despedida e de amor impetuoso, repentinamente despertou no coração de Barenkhaupt, como se, com a morte de Olga, houvessem desaparecido, também, todas as causas de seu ódio e de sua cólera.

Tudo estava irreparavelmente consumado, e o juiz, bem mais digno de desprezo que de condenação, pegou a arma mortal coberta de sangue e, tremendo, estreitou-a em seus próprios lábios.

Com melancolia, por um momento, lembrou-se do filho. O que fizera, cego por suas paixões desordenadas? Desprezando a palavra empenhada, matara a mãe idolatrada por quem Otton se sacrificara. Se ele agora confessasse o crime, o filho o amaldiçoaria e fugiria para longe. Se escondesse a verdade, não estaria escamoteando do filho a confiança e a ternura?

Assustado por seus pensamentos, Henry levantou-se de um salto e pôs-se a correr pelo quarto. Depois, lançou-se de joelhos diante do crucifixo pendurado na parede e começou a rezar ardentemente, rogando ao Senhor que se apiedasse dele, perdoando-o e amparando-o.

O sol surgiu, e ele ainda estava em pé, alquebrado e emagrecido, mas aparentemente calmo. Sua vontade de ferro vencera a tempestade que se desencadeara em sua alma; ele não deveria trair-se perante Otton. Por mais que, doravante, sua vida fosse vazia, por mais que tivesse a consciência pesada, o filho não deveria suspeitar de nada.

Henry lavou-se, penteou-se, trocou de roupa e, depois, foi à sala de refeições fazer o desjejum. Ele queria apagar os vestígios dos acontecimentos da noite anterior.

Não sabia que o castigo apenas começava...

Otton, também, pouco dormira naquela noite. A princípio, chorara amargamente, mas a maleabilidade da alma jovem ajudara-o a vencer a dor da separação.

Quando Olga, pela última vez, apertara-o em seus abraços, murmurara-lhe no ouvido:

– Encontrarei um meio, meu querido, de, de tempos em tempos, mandar notícias sobre nós.

O rapaz agarrara-se àquela esperança e dela pretendia retirar forças para vencer a presente mágoa.

Otton pensou no pai e seu coração jovem encheu-se de piedade por ele. O amor de pai daquele homem rigoroso deveria ser mesmo muito grande. Por sua causa, para conservá-lo junto a si, desistira da vingança e restituíra à mãe a liberdade. Por isso, de toda sua alma, queria ser-lhe grato e, com ternura filial, redimir os erros da mãe, tentando suavizar o coração rígido, sombrio e exacerbado por infelicidades do pai.

Ao acordar pela manhã, Otton vestiu a nova roupa que lhe haviam fornecido e, transformando-se formalmente em um jovem fidalgo alemão, foi para a sala de refeições, onde encontrou o pai. Barenkhaupt estava melancolicamente sombrio, sentado junto à janela aberta. A espantosa mudança ocorrida nele desde o dia anterior surpreendeu Otton: Henry tinha os olhos fundos e a aparência cadavérica.

"Pobre pai!", pensou Otton. "Como em ti fez efeito o sacrifício que assumiste, entregando ao feliz rival a mulher que talvez ainda te fosse cara."

Aproximando-se rapidamente do pai, beijou-lhe a mão, abraçou-lhe o pescoço, beijou-lhe novamente a mão e a face enrugada.

Barenkhaupt estremeceu e uma cor febril tomou conta de seu rosto.

– Tu sofres, pai, e compreendo teu martírio – disse Otton. – Mas, por isso mesmo, também avalio toda a grandeza de teu sacrifício magnânimo e toda a força de teu amor por mim. Por toda a vida te serei grato, e tu encontrarás a recompensa no reconhecimento de que realizaste uma boa ação e que, perdoando, alcançaste uma nobre vitória sobre ti mesmo. Permito-me repetir as palavras que minha mãe confiou-me transmitir-te. Reconhecendo-se culpada, ela, de joelhos, suplica que lhe perdoes. Ela lamenta com amargura que um acontecimento fatídico tenha dado tal direção a teu destino. Até o fim de sua vida, ela rezará ao Senhor para que Ele te conceda paz e que lembres dela sem raiva.

O cavaleiro escutava, baixando a cabeça. Cada palavra do filho cortava-o como uma faca, e o olhar inocente e agradecido de Otton era-lhe insuportável. Acaso não era ele o traidor desprezível de seu menino? Entre ele e Otton, desde então, colocou-se ameaçadoramente a figura da falecida mãe.

Vendo a aflição do pai e notando o tremor nervoso de seus lábios, Otton quis mudar de assunto, dizendo alegremente:

– Dá uma olhada para mim, pai! Abandonei tudo o que te fizesse lembrar o passado triste. Dize, agrado-te nesta nova vestimenta?

– Acho que ela te cai extraordinariamente bem – respondeu Barenkhaupt, forçando um sorriso e olhando com orgulho e amor para o belo rapaz.

– Sabe, pai, a partir de hoje, não só pela roupa me torno um novo homem! Estou a teu dispor, se quero fazer-me digno de ti e carregar com honra o nome dos Barenkhaupt.

Contendo-se, o cavaleiro discutiu com o filho as condições de sua vida futura. Quando Otton propôs, também, ingressar na Ordem, o cavaleiro, com firmeza, refutou a ideia.

– Quero que sejas livre e penso, com o tempo, casar-te, para que nossa antiga geração não pereça – respondeu.

Depois, Henry resolveu que iriam para Haspal, onde Otton seria apresentado ao grão-mestre da Ordem e depois enviado para Riga, ao palácio do bispo, para aprender etiqueta e receber as esporas douradas.

Tudo se cumpriu conforme o planejado. Moraram em Riga, Haspal, Revel; somente para Narva, o velho Barenkhaupt parecia não ter o menor desejo de retornar.

Otton, obediente, ia a toda parte onde o levavam, esforçando-se para aprender todos os hábitos e, em pouco tempo, pela aparência e pelas maneiras, em nada se diferenciava de seus conterrâneos, porém era muito mais sério e contido que eles. Isso porque, no coração do pobre Otton, reinavam um vazio e uma desilusão terríveis, pois, embora tivesse mostrado muito esforço, a relação com o pai não fora aquela a que ansiava. Parecia haver, entre eles, uma espécie de barreira imperceptível. Às vezes, também reparava como nos olhos do cavaleiro irrompiam amor e orgulho paternos, mas, no geral, Barenkhaupt, a cada dia, tornava-se mais sombrio e calado.

Não compreendendo que sua presença e sua ternura eram o verdadeiro tormento do pai, Otton, de maneira alguma, podia aclarar para si as estranhezas do caráter paterno, e sentia-se profundamente sozinho e infeliz.

Às vezes, durante a noite, uma angústia dominava o rapaz e nele surgia um desejo forte de ver aqueles com os quais passara a infância, e nessas horas chorava amargamente. Daria tudo para, naqueles minutos, sentir as mãos de sua mãe acariciando-lhe a cabeça, ouvir a voz sonora do bondoso Ivan Andreievitch e os risos cristalinos dos irmãos e da irmã...

Por acaso, soube que o pai, frequentemente, à noite, trancava-se em orações e, por horas inteiras, permanecia em genuflexão, batendo no peito e clamando aos céus misericórdia.

O rapaz, alarmado, perguntava-se que pecado poderia ter cometido seu pai para que a consciência tanto o martirizasse e lhe roubasse a tranquilidade.

Passaram-se três anos. Otton recebeu o estatuto de cavaleiro. Tendo-se, finalmente, aborrecido com aquela vida nômade, vagando de cidade em cidade, ambos os Barenkhaupt retornaram a Narva e instalaram-se em sua própria casa. Porém, com mais frequência, Otton vivia só, pois seu pai se refugiava no castelo.

Na casa vazia, o rapaz sentia ainda mais sua solidão, e a vista de Ivangorod estimulava em sua alma uma impaciência mórbida. Às vezes atormentava-se desejando saber por que sua mãe nunca tentara noticiar-lhe sobre sua saúde, como estava vivendo, o que fazia seu pai de criação – seu verdadeiro pai, se não por sangue, por coração e alma, como nunca o fora o velho soturno, encarnação da consciência suja.

Estranho e incompreensível também lhe parecia Khristofor. Em vez de utilizar-se de sua condição de cavaleiro e distinguir-se na guerra, vivia como um ermitão em sua casa, situada não longe da casa de Barenkhaupt. Sua irmã, viúva, ocupava-se das tarefas domésticas; seu irmão Arend morrera de um ferimento obtido em um conflito sem importância. Otton sempre procurava tratar com amizade e respeito o ex-escudeiro que o vira nascer; dirigia-lhe, sorrindo, palavras carinhosas, mas Khristofor permanecia calado e lúgubre, evitando, com obstinação, o olhar sincero e límpido do jovem cavaleiro.

Khristofor também sofria por seu crime. E, se a Justiça humana não o castigara, uma outra Justiça severamente o atingiria...

A pena terrível e oculta começara dois meses após a morte de Olga...

Certa vez, à noite, acordara desesperado por um sentimento vago, mas pesado. Nervosamente, revirara-se em seu leito, quando, de repente, uma rajada de vento frio e úmido soprara-lhe o rosto e ouvira ruídos de passos leves e precipitados caminhando sobre areia.

Khristofor levantara-se e sentara-se na cama, não entendendo de onde vinham os passos. De repente, notara que, na extremidade da cama, surgira uma bola vermelha como sangue, que, aos poucos, pusera-se a crescer e, depois, desaparecera em uma nuvem de vapor brilhante e luminoso, no meio da qual, a princípio vagamente, mas depois cada vez mais nítido, configurara-se o rosto de Rosalinda Barenkhaupt.

Rosalinda, reclinada, voltara a cabeça para seu assassino; seus olhos haviam sumido sob as pregas de uma capa escura e suas mãos pequenas pareciam estender-se até ele. Seu rosto mortalmente pálido refletira uma expressão de indescritível sofrimento e pavor; seus olhos, inspirando um terror gelado, haviam-no observado obstinadamente, com um olhar imóvel, turvo e vitrificado.

Suando frio, Khristofor não tivera condições de mover-se, não podendo afastar os olhos da terrível visão. Juntando, finalmente, toda sua coragem, fizera o sinal da cruz, procurando lembrar-se de todas as orações que conhecia, gritando: "Desaparece, Satanás!". Mas tudo fora em vão, pois a visão só se apagara e desaparecera com o amanhecer.

Desde aquele dia, todas as noites, o fantasma aparecia na cabeceira de seu assassino, e este, em nenhum lugar, pudera livrar-se daquela "visita" noturna. Estivesse onde estivesse: em casa, com amigos, na hospedaria, ou mesmo na igreja, quando queria passar a noite em orações. Assim que batia meia-noite, surgia a bola ensanguentada e, depois de algum tempo, a dois passos dele, mostrava-se o cadáver de sua vítima, que não tirava dele seus pavorosos olhos imóveis com expressão vítrea.

Khristofor sentia que ia enlouquecer. Fazia jejum, mandava celebrar missas e pagava promessas, mas tudo era inútil. Finalmente, não suportando mais, reconheceu, em confissão, o crime cometido; o sacerdote fez, secretamente no quarto, as orações de exorcismo e forneceu incenso ao arrependido. Mas também isso em nada ajudou: o fantasma de Rosalinda continuava a aparecer todas as noites diante de seu assassino.

O infeliz Khristofor tornou-se desconfiado e começou a fugir das pessoas, imaginando que todos notavam em sua testa a marca de Caim. Principalmente Otton se lhe tornou insuportável; começou também a odiar Barenkhaupt e, diariamente, amaldiçoava-se por ter dado atenção à fantasia criminosa do severo cavaleiro, que, sem dúvida, sob a influência de um ciúme brutal, utilizara sua mão para a realização do delito.

Com a consciência dilacerada por tormentos, insônia e terrível tensão nervosa, Khristofor caminhava rapidamente para a morte. Aliás, esperava-a como uma libertação e via a vida como um fardo insuportável.

Otton, por sua vez, era torturado pelo desejo ardente de saber algo sobre a sorte de sua mãe e das pessoas que lhe eram próximas. Quatro anos já se haviam passado desde sua reconciliação com o pai e não recebera ainda nenhuma notícia.

A espera o aborrecia sobremaneira; sozinho, começou a procurar meios de obter informações. O acaso conduziu-o a um mercador de nome Shwartz, que tinha relações com a Rússia e que, às vezes, ia pessoalmente a Novgorod.

Shwartz informou a Otton que, há um atrás, seu avô Andrei Semenovitch Lodygin ainda estava vivo. Soubera disso pelo filho do velho boiardo, o voivoda Piotr Lodygin, que comprara dele, na conta do pai, algumas peças de feltro e seda. Sobre o restante dos membros da família, o mercador nada sabia.

Sabendo que na primavera o mercador iria a Novgorod, Otton pediu-lhe que fosse à casa do avô para transmitir lembranças e entregar-lhe uma carta, o que o amável alemão prometera cumprir com prazer.

Na carta para o avô estava inclusa uma outra para Kolytchev-Tchorny, na qual Boris o saudava e enviava beijos à mãe e aos irmãos, mas também recriminava Olga por não ter cumprido sua promessa, esquecendo-o, enquanto ele não ficara um único dia sem rezar a Deus por todos eles. No final da carta, pedia a Ivan Andreievitch que o informasse sobre todos aqueles que amava, principalmente sobre a mãe querida e sobre Natacha.

Ivan Andreievitch recuperara-se do ferimento obtido no ataque dos livônios; porém, afligira-o profundamente o desaparecimento incompreensível da esposa querida e do filho adotivo, que amava como se fosse próprio.

O aparecimento inesperado dos cavaleiros dentro da fortaleza e seu sumiço misterioso haviam despertado na cabeça de Ivan Andreievitch a suspeita de que havia um caminho secreto utilizado pelos livônios; mas, onde se encontrava tal caminho, ele não conseguia adivinhar.

Tudo se passara à noite, quando todos dormiam, e ninguém percebera de onde os alemães haviam surgido. Os guardas também nada tinham visto; na escuridão noturna e em face do pânico geral, fora impossível encontrar a pista do local onde os cavaleiros haviam-se reunido antes de abandonar Ivangorod.

No princípio, ele aguardara alguma notícia de Olga ou de Boris, mas depois concluíra que, para Barenkhaupt, provavelmente seria melhor manter os dois no calabouço!

Depois encontrara a possibilidade de obter informações em Narva mesmo, e soubera que o cavaleiro partira da cidade, mas, quanto a Olga, ninguém a vira, e sobre ela nada se sabia.

Como naquele tempo Kolytchev-Tchorny estava livre dos compromissos de Estado, entregara Ivangorod a outro voivoda e resolvera ir para Novgorod, onde se encontrava sua família. Sua casa, que era vista como a tumba da esposa, ficara para trás, restando, porém, a intenção de, de tempos em tempos, visitar a fortaleza e rezar pelo sossego da alma de Olga.

E, assim, partira. Passara a viver ora em sua casa, ora em Novgorod na casa do sogro, onde, frequentemente, por horas inteiras, dedicava-se a Natacha e aos dois filhos mais moços.

Qual não foi o espanto de Kolytchev-Tchorny quando, em um dia maravilhoso, em sua casa, surgiu o mercador alemão e entregou-lhe a carta com as saudações de Otton.

Por bastante tempo, fez perguntas ao mensageiro a respeito de seu enteado e tudo o que conseguiu desvendar pareceu-lhe extremamente estranho e incompreensível.

Boris estava livre e, pelo visto, vivia voluntariamente com o pai, tendo, inclusive, adotado seu antigo nome, Barenkhaupt. Por qual razão mandava lembranças à mãe? Consequentemente, supunha que ela retornara à Rússia; entretanto, na realidade, ninguém a vira, e nenhum dos parentes tivera notícia alguma sobre ela. A leitura da carta e as estranhas saudações de Otton para a mãe somente corroboraram a suspeita que já havia em sua cabeça.

O que teria acontecido à infeliz Olga? Onde ela poderia ter-se escondido? Será que o detestável Barenkhaupt convencera o filho de que enviara a jovem mulher ao marido, mas, na verdade, mantinha-a em algum lugar secreto?

O mercador Shwartz informou a Kolytchev-Tchorny, entre outras coisas, que o velho Barenkhaupt estava doente e que Otton dissera-lhe que, no caso da morte do pai, daria notícias sobre si de forma mais objetiva, mas que, por ora, não poderia fazê-lo. Kolytchev-Tchorny, certamente, pela mãe já saberia o porquê.

Ivan Andreievitch Kolytchev-Tchorny, grato pelo recebimento de notícias tão importantes, recompensou cordial e ricamente o gentil mensageiro. Ele pediu-lhe para transmitir verbalmente ao enteado que agradecia a lembrança e que o amava tanto como antes, mas que sua mãe não estava com eles e que, desde o tempo de seu desaparecimento, não tivera sobre ela nenhuma notícia.

O velho Lodygin ficou não menos preocupado com a notícia e aprovou inteiramente a ida do genro, dentro de dois ou três meses, a Ivangorod, para tentar entrar em contato direto com Boris e, se possível, conseguir um encontro com ele a fim de aclarar o segredo que reinava sobre o destino de Olga.

Capítulo 8

Era uma tarde de setembro úmida e fria. Caía uma chuva fina, que batia na vidraça da casa de Barenkhaupt em Narva. No quarto de Otton, o fogo ardia na lareira, mas ele, pensativo, estava sentado na poltrona, olhando absorto como o carvão aos poucos se transformava em cinzas insignificantes.

Estava sozinho em casa. Seu pai havia viajado a serviço da Ordem e deveria retornar dentro de dois dias. Otton passava o tempo em absoluta solidão. Amigos íntimos ele não tinha, e as reuniões barulhentas dos cavaleiros não lhe agradavam.

Nesse dia, como de costume, dedicava-se à leitura da Sagrada Escritura e de biografias de santos e profetas.

Quando o crepúsculo tornou-se intenso, Otton afastou o livro e mergulhou numa triste meditação. Já fazia cinco anos que ele morava ali e sentia-se completamente estranho; de nenhuma forma pudera destruir a barreira invisível que o separava do pai. O velho sombrio e seco parecia mais temer que buscar o amor filial. Em seu olhar mau, sempre se ocultava algo que esfriava e repelia Otton, e este, com o passar do tempo, foi se sentindo indescritivelmente só e triste.

Nessa noite, o rapaz se encontrava ainda mais melancólico e desanimado que o normal. Desejando afugentar seus amargos pensamentos, acarretados pelo presente, Otton começou a recordar o passado.

Pouco a pouco, Narva e a situação sombria que o cercava foram desaparecendo, e ele se viu em Ivangorod, na região de sua primeira juventude, onde tudo lhe era conhecido e caro.

Como se lá estivesse, Otton via diante de si a sala, onde toda a família se reunia às tardes; via chegar Kolytchev-Tchorny, sempre bondoso, carinhoso; parecia ainda ouvir seu riso sonoro e alegre. Ao lado do padrasto, normalmente sentava, calma e serena, sua querida mãe – pequena e feliz, com seu vestido de seda largo e rico, um verdadeiro anjo, como a chamava Ivan Andreievitch.

Em volta deles, brincavam os irmãos menores e Natacha, alegre, travessa como um menino, já, então, prometendo tornar-se uma moça bonita. Quantas vezes matavam o tempo divertindo-se, ora com os requebros e travessuras do palhaço, o anão Oomki, ora escutando algum velho tocador de gúsli[1], que, de passagem, cantava baladas sobre os *bogatyri*[2].

As boas lembranças novamente despertavam em Otton o desejo ardente de estar entre as pessoas queridas. As lágrimas despontavam em seus olhos, e o rapaz começou a sentir uma necessidade incontrolável de quebrar finalmente as correntes que o prendiam.

Se o pai morresse, estaria livre. Mas não seria pecaminoso contar com tal solução? Além disso, estava ligado à palavra dada a Henry. Mesmo que o pai morresse, deveria, apesar de

---

[1] Gúsli: iInstrumento monocórdio na forma de violino. (Nota da editora.)
[2] Bogatyri: Um dos heróis da epopeia russa. (Nota da editora.)

tudo, continuar como cavaleiro Barenkhaupt. Mas se avistar com seus verdadeiros parentes e abraçá-los... – isso ninguém poderia impedi-lo de fazer.

Otton apertou a mão contra o peito e estremeceu ao tocar o grande medalhão frio que trazia ao pescoço. Era uma figura da Santa Virgem, que o jovem cavaleiro, acima de tudo, venerava. A Protetora Divina o fez lembrar de que a oração era o melhor meio para curar todas as feridas espirituais e a fiel conselheira para as horas vagas de meditação.

Otton persignou-se com devoção, ajoelhou-se e submergiu na oração com uma fé profunda, pedindo ardentemente ao Criador que lhe aliviasse o coração dolorido.

Ouviram-se alguns golpes surdos na mesa de carvalho e alguém encobriu a luz ardente da vela. O rapaz interrompeu a oração e voltou-se, insatisfeito, pensando que algum dos seus serviçais o molestava, mas a surpresa fez com que as palavras se perdessem em seus lábios.

Apoiada à mesa, encobrindo a vela, diante dele estava sua mãe. A capa descia sobre os ombros, descobrindo o vestido de lã que ela usara no dia de sua partida; o véu preto que cobria sua cabeça estava levantado. Os cabelos claros estavam em desordem, emoldurando de forma estranha o rosto pálido. Seu olhar ardente estava fixo em Otton. Abandonando a letargia que o envolvia, Otton deu um salto e correu para a mãe com os braços estendidos para abraçá-la. Mas ela, por alguma razão, afastou-se leve e inesperadamente para trás e, com a mão, acenou para ele. Otton parou, indeciso. Então, Olga recuou para a porta e, com autoridade, fez-lhe um sinal para que a seguisse.

Sentindo a imposição forte da ordem, Otton seguiu a mãe, que, leve como uma sombra, deslizava à sua frente, mais parecendo que se movia pelo ar em vez de andar pela terra.

Assim, desceram a escada, atravessaram o pátio pequeno, saindo para a rua vazia e escura.

O mau tempo e o tardio da hora já há muito haviam dispersado para casa os habitantes de Narva.

De repente, Olga parou e desapareceu por uma porta, que Otton, com grande surpresa, reconheceu como sendo da casa de Khristofor. Sua surpresa cresceu mais ainda quando verificou que a porta não estava trancada.

O que tudo aquilo significaria? Sua mãe viera a Narva para se ocultar na casa do ex-escudeiro? Mas, assim sendo, por que não o informara? E como era estranho seu aspecto! Ela mais parecia um fantasma que um ser vivo. E, depois de cinco anos de separação, ela esquivara-se de seus beijos! E para que ela, sem nada dizer, conduzira-o para lá?

Otton continuou caminhando como num sonho, e mil pensamentos – as mais diversas suposições – aglomeravam-se em sua mente perturbada.

Assim, ele atravessou o longo corredor escuro, um minúsculo cubículo iluminado fracamente por uma lamparina, e entrou no quarto que servia de dormitório para Khristofor, e de onde provinha ruído de vozes.

O quarto comprido era mobiliado com simplicidade. No fundo, encontrava-se uma cama sob baldaquinos[3], decorados com cortinas escuras de lã. Na mesa, ao lado da cama, havia um crucifixo, uma taça com água benta e um círio aceso que iluminava, com sua luz cintilar, o rosto emagrecido de Khristofor.

Ele, sentado, rodeado de almofadas, apertava convulsivamente nas mãos uma pequena cruz de madeira. Na cabeceira, estava Olga; com o braço estendido, a mulher apontava Otton para ele. Os olhos do moribundo fitavam-na com expressão de horror.

No banco, junto à cama, estava sentado um velho monge, que, aparentemente, se esforçava em confessar e acalmar o agonizante.

– Ei-la! Ei-la! Oh! Rosalinda! Perdoa-me! Deixa-me morrer em paz! – gemeu Khristofor, recostando-se nas almofadas.

Ele viu Otton e gritou surdamente:

---

[3] Baldaquinos: armação de madeira ornamentada, forrada ou não de tecidos, com cortinas, apoiada em colunas, usada para embelezar tronos, andores, leitos etc. (Nota da editora.)

— Oh! Nesta visão, há o dedo de Deus! Ela trouxe à minha casa seu próprio filho, para que confesse e revele toda a verdade! – murmurou o moribundo.

Nesse minuto, Otton, com horror, viu como um vapor avermelhado envolver a figura da mãe, que, gradualmente, empalidecia e pôs-se a diluir – para afinal desaparecer por completo.

– O que isto significa? De onde surgiu minha mãe? Como ela desapareceu? Não compreendo nada do que está acontecendo por aqui! – gritou Otton, pálido como a morte, aproximando-se da cama.

– Isto significa que a mão do Senhor te conduziu a meu leito de morte, para que eu te revele o segredo que desejaria carregar comigo ao túmulo... – respondeu Khristofor.

– Sim, meu filho! – confirmou o monge, levantando-se. – Prepara-te para ouvir a confissão do enorme crime cometido por esse infeliz. Ele já foi severamente castigado neste mundo, e prepara-se para comparecer perante o Juiz mais rigoroso que qualquer um do tribunal terrestre. Sê misericordioso para com ele, como o foi Nosso Senhor Jesus Cristo, que, na cruz, orou por seus carrascos! Se não como filho da falecida, então como cristão, perdoa o culpado! Fala agora, infeliz! – disse o monge dirigindo-se ao moribundo. – Facilita para ti a confissão, pois, de outra forma, tua alma atormentada não encontrará descanso na sepultura.

Otton, sem forças, caiu sobre o banco onde o monge estivera sentado.

– Inclina-te para perto de mim, pois me é muito difícil falar, e, se possível, não me amaldiçoes... – murmurou Khristofor com a voz apagada.

Parando às vezes para tomar fôlego, mas não omitindo nada, Khristofor contou que na noite fatídica fora, sem qualquer intenção premeditada, buscar Rosalinda para levá-la a Ivangorod depois; narrou a conversa com Barenkhaupt, que lhe pintara habilmente o quadro vivo do perigo que ameaçava a muralha de fronteira da Ordem livônia, em face de ser conhecido, por aquela mulher, o segredo da passagem subterrânea.

Quem poderia afiançar que Rosalinda, em qualquer ocasião, não revelaria o segredo ao homem amado? – Esse fora o argumento de Henry. O cavaleiro lançara, então, naquele momento, toda sua eloquência para vencer a repulsa que obviamente percebera em Khristofor e agilmente citara o ódio aos moscovitas, que sabia ser por ele compartilhado. Orgulhoso com o trabalho gigantesco realizado, cego pelo ódio e preso ao dever empenhado à Ordem – que, afinal, o elevara ao estatuto de cavaleiro –, Khristofor, finalmente, cedera à sugestão criminosa de Barenkhaupt.

A seguir, descreveu os detalhes do assassinato e falou das dúvidas e dos remorsos que haviam surgido imediatamente após a execução do delito.

O assassinato de Olga também trouxera pouca felicidade a Barenkhaupt. Era verdade que ele conservara o filho, mas a alegria de tê-lo consigo fora para sempre envenenada pelos remorsos que o dilaceravam. Porém, Khristofor sabia que estava condenado, pois o próprio túmulo abrira-se, liberando sua vítima para castigá-lo. Eis que, cinco anos após aquele monstruoso assassinato, o espectro ensanguentado não deixara ainda de persegui-lo, torturando-o até nas orações, perturbando sua paz, empurrando-o à sepultura. E esse tormento era tão terrível que, não levando em conta o pavor que lhe inspirava o tribunal divino, perante o qual deveria apresentar-se, ansiava ele pela morte como uma libertação.

Otton, não proferindo nenhuma palavra, escutava, pálido como a morte, e tremia como se sentisse febre.

Aqueles monstros não somente haviam abatido perfidamente uma mulher indefesa, como também, depois, haviam-na enterrado como um cachorro, na detestável passagem subterrânea, privando-a, inclusive, de um sepultamento cristão.

Sua cabeça girava. Compaixão, desespero e ódio desencadeavam-se nele. Por fim, não mais suportando, saltou, brandindo o punho para o moribundo.

– Estrangular-te-ei! – gritou, com a voz embargada pelo furor. – Estrangular-te-ei os miolos, assassino infame, traidor, carrasco!

O monge mal conseguiu contê-lo.

– Para, meu filho! Não esqueças as palavras do Senhor, que disse: "A mim, a vingança!" Deus deverá julgar o quanto há de sincero em seu relato sobre o grave crime. Deixa à morte sua presa!

Voltando a si, Otton levantou-se e, cambaleando, encostou-se na parede, tapando o rosto com as mãos.

Depois, endireitou-se e, por algum tempo, observou o rosto abalado de Khristofor, cujo corpo todo se contraía convulsivamente.

– Que o Senhor Deus e tua vítima te perdoem! – disse, com a voz surda. – Eu mesmo não estou em condições de fazê-lo. O crime cometido por ti foi demasiadamente terrível. Mas não te amaldiçoarei. – Otton levantou ambos os braços e amaldiçoou aquele que fora o verdadeiro culpado por tamanha iniquidade.

Voltando-se rapidamente, saiu, sem olhar para o moribundo.

Sem saber como, Otton, com dificuldade, conseguiu chegar em casa – e de imediato trancou-se em seu quarto. Um terrível desespero apoderou-se dele. Agora, era-lhe bastante claro o porquê de não ter recebido nenhuma notícia da mãe: ela partira para a morte. Seu sacrifício revelara-se inútil. Durante cinco anos, dera seu amor filial ao assassino infame, esforçando-se por alegrá-lo para compensar a perda da mulher amada.

Tendo renunciado a tudo o que lhe era caro, poderia ele supor que a própria mão paterna, que beijava, estava manchada pelo sangue de sua mãe?!

Agora compreendia a terrível situação espiritual do pai, suas orações noturnas e a eterna aflição que o fazia correr de um lugar ao outro. Agora estava claro para ele por que Henry sempre fugia de seu carinho filial.

Nesse estado angustiante de alma, Otton lançou-se à cama, apoiou a cabeça na almofada e começou a soluçar amargamente.

As lágrimas abundantes paulatinamente foram acalmando sua tensão nervosa e, junto com a calma, voltou-lhe a capacidade de pensar e refletir sobre a situação. Por nada na vida queria agora permanecer com o pai. A única ideia que lhe ocorria fazia-o tremer de ansiedade. Sim, ele voltaria para Ivan Andreievitch, que, antes de tudo, considerava como seu verdadeiro pai. Otton sentia-se livre de qualquer obrigação em relação ao monstro que rudemente tripudiara sobre seus sagrados sentimentos.

Resolveu, então, partir o mais depressa possível, antes do retorno de Barenkhaupt. Otton não somente almejava estar em segurança no lado russo, antes da chegada do pai, como também queria encontrar, no subterrâneo, os restos mortais da mãe, para sepultá-los com decência segundo os funerais cristãos.

Era necessário esperar raiar o dia para ir ao castelo sem chamar atenção. O caminho para o abismo, através do subterrâneo, ele conhecia, mas a chave da porta da "sepultura" estava guardada na mesa do pai, ao lado da cama.

Não perdendo tempo, Otton atravessou o dormitório de Henry, abriu a gaveta da mesa com um punhal e pegou a chave. Apesar do desespero furioso, tinha em mente que todo cuidado era pouco. Depois, pegando uma folha de pergaminho, escreveu o seguinte:

O Senhor permitiu à sombra de tua vítima sair da cova e conduzir-me ao leito de morte de Khristofor, que me confessou ter executado, sob sua incitação, um crime. É assim que tu, assassino ignóbil de mulher indefesa, mantiveste tua palavra de cavaleiro em libertá-la? Esse foi o preço com o qual me pagaste o sacrifício, roubando durante cinco anos meu amor, minha gratidão e meu respeito? Sabendo, afinal, da verdade, considero-me livre de qualquer dever, cuja experiência nunca teve nenhum fundamento.

Eu te renego, pois não quero ser filho de um carrasco e perjuro. Eu te amaldiçoo e retorno ao homem nobre e magnânimo, que sempre foi, para mim, meu verdadeiro pai.

Tu mesmo, que nunca experimentaste e compreendeste o sentimento da verdadeira afeição, vive, agora, sozinho e deleita-te com o ódio. Que te golpeie a justiça dos Céus, como golpeou a Khristofor, teu cúmplice ignóbil.
Otton

Depois de assinar e lacrar a carta, o rapaz depositou-a em lugar visível e ocupou-se dos últimos preparativos. Saindo de casa, não levou nada consigo, exceto sua roupa antiga, a espada, o punhal e um archote escondido sob a capa.

Ninguém prestou atenção nele, acreditando que se dirigia à casa de algum cavaleiro, amigo do pai. Assim, o rapaz, sem obstáculos, alcançou o subterrâneo e, rapidamente, desceu a seu interior.

No porão que servira de refúgio ao pai e a seus companheiros Arnulf e Khristofor, ainda eram visíveis inúmeros vestígios da permanência deles por ali. Mas Otton, com asco, afastou-se, pois tudo o que o fazia recordar Barenkhaupt era-lhe agora adverso. Correndo, chegou à abertura e pulou para baixo.

Ali, também, eram visíveis os vestígios de sua infeliz genitora: na parede, ainda estavam pendurados os fragmentos das correntes; restos de palha podre indicavam o lugar onde Olga se deitava, e, sobre a pedra, estava a caneca.

Dos olhos de Otton, correram lágrimas ardentes e, ainda mais desanimado, apressou-se em entrar na galeria. Sob a luz fraca do archote, começou a descer, respirando com dificuldade por causa da atmosfera pesada e úmida do subterrâneo. Movia-se com cuidado, observando a terra e as paredes. Em algum lugar, deveria jazer o corpo da mãe. Mas como encontrar esse lugar? Khristofor certamente tentara ocultá-lo com o maior cuidado possível.

De repente, na escuridão, a alguns passos dele, surgiu algo como uma fagulha errante. A chama azulada, diante dele, flutuava lenta pelo ar e, finalmente, parou; sua luz fosfórica iluminou um montículo quase imperceptível junto à parede. A pouca altura do chão, como que saindo do solo, expunha-se a cabeça de Olga. Embora estivesse vagamente delineada, era possível reconhecê-la imediatamente. Passado um minuto, a visão desapareceu e a luz apagou-se.

Otton caiu de joelhos.

– Minha pobre mãezinha! Morreste aqui... – murmurou, tremendo de emoção, e começou a orar com fervor pela paz da alma da inocente vítima.

Depois, tirando a espada da bainha, cravou-a na terra. Isso lhe facilitaria encontrar posteriormente a cova.

– Até logo, querida! Em breve, viremos buscá-la. Minha espada servir-te-á como lápide tumular. Juro que a banharei com o sangue de teu verdugo.

Depois de rezar mais uma vez, Otton levantou-se e, com pressa, seguiu adiante.

À medida que se acercava da saída, os pensamentos de Otton voavam para aqueles que ele amava e com os quais deveria, em breve, encontrar-se. A cova da mãe, como uma muralha, separava-o definitivamente de tudo aquilo com o que fora obrigado a familiarizar-se e habituar-se durante cinco anos.

Quando alcançou a saída, não pôde, por algum tempo, abrir a porta levadiça que fechava a galeria subterrânea. Com os anos, ela fora invadida pela grama, e a terra tapara todas as suas frestas.

Otton já começava a desesperar-se, quando, finalmente, a porta cedeu e, na galeria subterrânea, irrompeu uma corrente de ar fresco acompanhada de um raio de luz.

Ele respirou a plenos pulmões e arrastou-se para o jardim. Depois de fechar a porta, observou à sua volta. Pelo visto, nada havia mudado; com emoção, ficou imóvel por alguns instantes.

No banco, perto da casa, estava sentada uma jovem, bordando alguma coisa com um fio comprido de seda. Ela era encantadora! Harmoniosa e suave, tinha as faces frescas e aveludadas como um pêssego, os lábios rosados e uma espessa trança escura, caindo de baixo de um amplo adorno enfeitado por pérolas.

"Deve ser Natacha", pensou Otton. "Como ela mudou e ficou bonita!"

Nesse instante, a moça levantou a cabeça; ao ver, a poucos passos de si, um desconhecido em trajes alemães, deu um grito e, levantando-se do banco, aprontou-se para correr.

– Não temas, Natacha, sou eu! – gritou Otton, correndo em direção à jovem.

Com o som da voz conhecida, a moça parou e, reconhecendo Otton, correu para ele, envolveu-lhe o pescoço e gritou de alegria:

– Boris!!!

Eles se beijaram calorosamente.

– Como vieste, Boris? – perguntou Natacha com curiosidade.
– Caíste, realmente, do céu em nosso jardim. Eu te havia tomado por um cavaleiro livônio e assustei-me tanto!!!

– Por enquanto, eu, efetivamente, sou um cavaleiro livônio; bem, sobre isso, explicarei depois! Agora diz: o pai está em casa? Gostaria de falar com ele agora mesmo.

– O pai saiu, mas, com certeza, em breve retornará. Viemos para cá, precisamente, na semana passada. Ele tem aqui alguns afazeres e, além disso, queria visitar o tio Piotr Lodygin, que voltou da Lituânia. Tanto insisti, que ele concordou em trazer-me consigo. Gosto de estar aqui, onde tudo me faz recordar mamãe e a ti! Eis o pai!

Nos portões, surgiu a figura esbelta de Kolytchev-Tchorny. Vendo que a filha conversava tão amistosamente com um alemão, franziu as sobrancelhas.

– Pai! Boris voltou para nós! A princípio, tomei-o por um livônio. Vê como ele cresceu! – dizia Natacha, com alegria.

Kolytchev-Tchorny e Boris correram simultaneamente um para o outro, encontrando-se em um grande abraço.

– Recebe-me, pai! Regresso para sempre para teu teto.

– Sempre serás o hóspede desejado em minha casa, Boris. De toda a minha alma, alegro-me com tua chegada! Vim para cá exatamente para me avistar contigo, pois recebi tua carta enviada por intermédio do mercador Shwartz e, falando francamente, não entendi muita coisa do que havia nela.

— Tenho muita coisa para te contar, pai – respondeu Boris, com um tom triste.

Apesar de toda a sua amargura, o simples fato de se encontrar em Ivangorod já era suficiente para deixar o enteado de Ivan calmo e sereno. O nome "Boris", como música, soava em seus ouvidos e parecia que o fazia esquecer os anos infelizes transcorridos em Narva, sob o nome de Otton Barenkhaupt.

O voivoda levou Boris a seu quarto, e lá o rapaz contou tudo o que ocorrera desde o tempo da separação: como, por acaso, descobrira a passagem subterrânea e depois encontrara a mãe no abismo.

Ouvindo sobre o tratamento desumano ao qual fora submetida a mulher amada e mimada por ele, Ivan Andreievitch cerrou o punho com fúria.

— Foi por isso que ela não chegou aqui. Teu sacrifício foi em vão, pobre filho meu... – notou, com tristeza, Kolytchev-Tchorny, quando Boris contou-lhe como, por causa da mãe, se sacrificara. – O canalha ludibriou-te e, sem hesitar, manteve a infeliz presa em alguma masmorra.

— Ah! Antes assim fosse, então, nós a libertaríamos... – respondeu, lastimando, Boris.

Com a voz entrecortada pela emoção, narrou os últimos acontecimentos que haviam feito com que se inteirasse de todos os detalhes do assassinato de sua mãe.

Forte e profunda foi a dor de Ivan Andreievitch, ao saber da triste verdade; mas, pouco a pouco, sua alma começou a inflamar-se por uma sede incontrolável de vingança. Ainda conversaram durante algum tempo e, finalmente, resolveram, *a priori*, que, naquela mesma noite, retirariam o corpo de Olga do subterrâneo, sepultando-o dignamente, para depois, então, se ocuparem da vingança.

Custasse o que custasse, Kolytchev-Tchorny queria aprisionar Barenkhaupt e, com esse objetivo, elaborou um plano de penetrar à noite em Narva, capturar o cavaleiro em casa ou em seu quarto no castelo e trazê-lo a Ivangorod. Ali, o voivoda imaginaria uma vingança terrível que pagasse todo o sofrimento que fora imposto a Olga.

Enquanto Kolytchev-Tchorny se ocupava com os preparativos, Boris conversava com Natacha e os irmãos. Todos estavam indescritivelmente contentes por vê-lo de novo. Tinham tanto que dizer, que as horas voaram como minutos, não obstante o assunto principal da conversa ter sido o triste fim da mãe deles.

A noite caiu. Ivan Andreievitch desceu, com Boris e um velho sacerdote, ao subterrâneo em busca do corpo de Olga. O amestrador de falcões Nikita e o velho Andrei Semenovitch Lodygin levaram uma maca.

A triste procissão parou junto à espada de Boris, cravada no local indicado pela visão. O voivoda e Boris pegaram as pás, e eles mesmos começaram a cavar o chão. Porém, não tiveram que trabalhar muito. Logo o corpo apareceu, encoberto por uma capa, sob a qual estava a extremidade de uma trança loira. Eles interromperam o trabalho e, durante alguns minutos, rezaram silenciosamente.

Depois, os restos da pobre Olga foram tirados com cuidado e colocados na maca. O voivoda, com a mão trêmula, levantou um pouco a capa de lã grossa e forte, coberta com um pouco de musgo.

A despeito do que se esperava, o corpo de Olga estava muito bem conservado. Não obstante o longo tempo sob a terra, seu rosto estava perfeitamente reconhecível.

Depois de o velho sacerdote rezar o réquiem, a cova foi tapada e todos retornaram apressadamente a Ivangorod. O corpo de Olga, na medida do possível, foi lavado e vestido com uma roupa limpa, colocado em um ataúde e transladado para a igreja.

Pela manhã, na presença de toda a família e das pessoas ilustres da cidade, foi realizada a liturgia fúnebre; depois, a vítima inocente de Barenkhaupt foi colocada ao lado do tio de Ivan Andreievitch, o voivoda Loban-Kolytchev, que tombara em batalha sob as muralhas de Ivangorod, em 1502.

Depois de cumprir esse triste dever, Ivan Andreievitch e Boris começaram a projetar a vingança e, após o descanso de algumas horas, iniciaram ativamente os preparativos para a corajosa incursão noturna.

Enquanto tudo isso acontecia, Henry Barenkhaupt dirigia-se a caminho de Narva, escoltado por dois escudeiros; o velho estava mais sombrio do que nunca. Que promessas não fizera, que provações não impusera a si mesmo, durante sua estada em Haspal – tudo em vão. O céu implacável não enviara a paz de sua alma. Pelo contrário, ao sinistro pressentimento que o atormentava, haviam sido acrescidas algumas alucinações que mais ainda tinham acentuado a gravidade de seu estado de espírito.

Ora brilhava perante seus olhos o punhal ensanguentado, e, em seus ouvidos, soava o grito agonizante de Rosalinda; ora ela mesma lhe aparecia na penumbra noturna, imprecisa e vaporosa em algum recanto, ou assomando a cabeça entre as cortinas. E toda vez seu olhar de vidro, terrivelmente imóvel, fixava-se em Henry, e sua mão branca e pequena borrifava-lhe o rosto com sangue.

Era preciso ter a personalidade de ferro de Barenkhaupt para suportar semelhante visão e manter-se aparentemente calmo.

Com o coração pesado, ia para casa, onde encontraria Otton com sua ternura, sua confiança e seu respeito constantemente manifestados; isso, para Barenkhaupt, era, sem comparação, muito mais grave do que se do filho viesse somente a indiferença – ou mesmo o ódio. No alvorecer daquele mesmo dia, quando os restos de Olga já jaziam no ataúde em Ivangorod, Henry aproximava-se de sua casa. Não tinha ainda descido do cavalo, quando o velho mordomo e a governanta, desconcertados, correram para ele e informaram-no de que o jovem senhor encontrava-se desaparecido desde a manhã anterior.

Barenkhaupt empalideceu. Por que aquela nova infelicidade? O que poderia ter acontecido a Otton?

Não tirando nem as armas nem a capa de viagem, dirigiu-se direto ao quarto do filho. Lá, tudo estava em ordem. Um livro aberto sobre a mesa mostrava que o rapaz havia lido antes de ir embora. Em nenhum lugar havia algo que pudesse mostrar a razão ou as circunstâncias que fundamentassem seu desaparecimento.

Os graves pressentimentos mais e mais inquietavam e torturavam Barenkhaupt; dirigindo-se a seu quarto, imediatamente lhe saltou aos olhos a carta de Otton no centro da mesa.

Com as mãos tremendo, abriu-a; à medida que ia lendo, seu rosto pouco a pouco empalidecia. As letras saltavam perante seus olhos; uma nuvem cruenta encobriu seu olhar.

O pergaminho caiu-lhe das mãos, a cabeça girou e, abatido, caiu na poltrona. Tal estado depressivo, porém, não durou muito; seu pensamento de novo começou a trabalhar, despertando nele a consciência cruel daquilo que sempre confusamente temera: seu filho soubera do crime e, com horror e desprezo, renegara-o.

Estava novamente sozinho – e agora para sempre. Se antes os separavam as circunstâncias funestas, agora entre eles havia um crime verdadeiro.

Em virtude da própria natureza excitável e inconstante, de repente a dor de Henry transformou-se em um rancor furioso. "Será que meu filho alguma vez me amou sinceramente?", pensou. "Viver comigo era para ele um sacrifício; na primeira ocasião, ele aproveitou-se para efetivar uma separação", raciocinou. "Se bem que talvez ele nunca se atrevesse a partir se o infame Khristofor não lhe houvesse revelado o segredo existente entre nós", conjeturou.

Dominado pelo desejo de vingar-se, a qualquer custo, de seu antigo companheiro, pela vergonha e pelo pesar daquele minuto, Henry, não refletindo, saltou da poltrona e, agarrando o punhal e a capa, saiu correndo de casa. Como um furacão, irrompeu no quarto de Khristofor, mas se deteve imóvel na soleira: seu antigo companheiro jazia no ataúde, e agora nenhuma vingança terrestre lhe seria terrível.

O monge velho que rezava ao lado do ataúde levantou-se com a chegada de Barenkhaupt e mirou-o com um olhar triste e severo.

– Cavaleiro Barenkhaupt, o senhor veio rezar junto ao caixão deste pobre infeliz? Ele mereceu isto inteiramente por sua causa – ressaltou. – Eu ouvi a confissão de Khristofor e posso confirmar que a justiça divina o puniu por seus erros, mais severamente que a qualquer outro pecador. O senhor deseja saber como essa justiça se manifestou?

– Se não lhe for importuno, pode me contar sobre isso, santo padre, pois o escutarei com o devido respeito – respondeu, friamente, Barenkhaupt. – No que se refere às minhas orações, ele não as merece, uma vez que me traiu.

– Homem orgulhoso! Saiba que o denunciaram o próprio túmulo e sua vítima! – retrucou o monge, com indignação. Depois, descreveu as visões que haviam perseguido Khristofor até a morte e contou como o fantasma de Olga conduzira Otton à cabeceira do moribundo.

Perturbado e assustado, Henry ouviu em silêncio aquele estranho relato e, com a cabeça baixa, voltou para casa. A visita a Khristofor dispersara sua fúria e, com um grave desânimo, passou a refletir sobre todo o ocorrido.

Então, Rosalinda vingara-se por sua morte prematura. Mas, se ela perseguia tão implacavelmente Khristofor – que na realidade fora unicamente o instrumento de suas mãos –, que sede de vingança deveria, então, ela sentir por ele? Ela conseguira separá-lo de Otton; ela o estava atormentando com terríveis visões; o que ainda estaria lhe preparando para o futuro?

Durante algumas horas, Barenkhaupt ficou assim: ora caía em uma apatia sombria, ora se entregava a um desespero mudo. De repente, veio-lhe à mente que Otton poderia revelar o segredo da passagem subterrânea, e que, certamente, ele mesmo fugira por aquele caminho. Essa suposição, de imediato, despertou sua energia. Resolveu pessoalmente verificar o subterrâneo. O desaparecimento da chave levou-o à ira.

Mas Barenkhaupt não era daquelas pessoas que se deixam abater facilmente. Em sua cólera, esqueceu até da visão noturna e de Khristofor. Naquele instante, estava preparado para matar Otton, para que, junto com ele, fosse conservado o segredo de seu gigantesco trabalho.

Não perdendo tempo, Henry foi ao castelo e, na qualidade de cavaleiro, convocou todos os que lá estavam, para lhes comunicar "um assunto da mais extrema importância".

Quando todos se reuniram, Barenkhaupt disse-lhes que o segredo da passagem subterrânea, com toda a certeza, já estava nas mãos dos moscovitas, e que o traidor que o revelara fora seu filho, que, no fundo do coração, sempre fora inimigo da Ordem e aproveitara a primeira ocasião para retornar a seus antigos amigos.

Percebendo a perplexidade e a leve desconfiança refletidas nos rostos dos cavaleiros, acrescentou:

– Meus irmãos! Para que vocês não duvidem e possam entender melhor todos os detalhes deste drama infeliz, ouçam minha confissão. Então, ele contou minuciosamente seu passado, a vingança imaginada, a tomada do filho, suas razões e os motivos que o haviam induzido a matar sua ex-mulher.

– Agi de acordo com meu entendimento e meu dever contínuo. Não podia colocar nosso segredo, nossas vidas e os importantes interesses da Ordem na dependência de uma mulher que me dera indícios suficientes de sua perfídia. Por isso, para sempre silenciei os lábios indiscretos, não supondo que meu próprio e velho companheiro me traísse. Não posso julgar Khristofor, que está se apresentando ao tribunal divino, mas, sem a menor hesitação, matarei Otton, se o vir nas fileiras de nossos inimigos. Agora, irmãos meus, vocês já sabem de tudo. Resta-nos somente discutir quais as medidas de precaução que serão necessárias para prevenir um ataque dos moscovitas pela passagem subterrânea.

No rosto de Barenkhaupt, via-se uma expressão terrível de ódio tão feroz, que deprimiu a todos os presentes. Porém seu relato fora deveras importante e exigia decisões rápidas.

Teve início, então, uma discussão viva, na qual se expressavam as mais diversas opiniões. Finalmente, resolveram construir barreiras na passagem subterrânea, que, com o tempo, a tornariam intransitável; além disso, decidiram instalar no abismo um posto de guarda, que daria alarme no caso de o inimigo intentar atacar de surpresa.

Iriam, conforme o combinado, construir as barreiras naquela mesma noite. Então, Barenkhaupt comunicou-lhes de que, antes, queria verificar a casa na qual Kolytchev-Tchorny vivera e onde talvez naquele instante estivesse Otton. Será que Henry Barenkhaupt queria capturar o filho para, quem sabe, lhe dar explicações, ou, na realidade, desejava medir-se em luta armada com o rapaz? Os severos cavaleiros estavam muito preocupados com os meios de defesa do perigo que os ameaçava para se interessarem por "questões insignificantes" e, por isso, nenhum deles objetou a intenção de Barenkhaupt. Se ele queria arriscar-se penetrando na casa inimiga, isso era assunto dele; e, mesmo se lhe ocorresse um estranho desejo de ver como seu filho seria julgado por traição, isso também era um assunto absolutamente pessoal.

Eram quase 23 horas quando 12 cavaleiros e escudeiros, armados da cabeça aos pés, desceram pela passagem subterrânea. Liderando, tendo na mão a espada desembainhada, ia Barenkhaupt, acompanhado por um dos escudeiros com archote aceso. Os outros seguiam aos pares, carregando todo o indispensável à construção das barreiras.

Eles já tinham alcançado o meio da passagem, quando, de repente, Barenkhaupt parou e, atrás dele, toda a fileira.

Ao longe, ouvia-se lentamente um rumor de armas e ressoava ruído de passos que se aproximavam rapidamente do destacamento. Um impropério forte escapou dos lábios de Barenkhaupt. Naquele minuto, odiou o filho a tal ponto, que, com deleite, o estrangularia com as próprias mãos.

– É tarde, irmãos! – disse, a meia voz, ao cavaleiro que estava parado atrás dele. – Tentemos recuar para o acesso. No fundo do abismo, há mais lugares para a batalha. É necessário exterminar todos os amaldiçoados moscovitas, para que nenhum cão retorne a Ivangorod para contar o que aqui se passou. Eu e Reingold defenderemos a passagem e cobriremos nossa retirada.

O conselho fora bom, mas de difícil execução. As armas, as correntes, os troncos – tudo isso dificultava o movimento dos cavaleiros na estreita passagem. Os russos vinham rapidamente, e, em breve, os archotes de ambas as fileiras, com uma luz avermelhada, iluminavam a passagem subterrânea. Chefiando os russos, vinham Kolytchev-Tchorny e Boris.

Quando Barenkhaupt reconheceu o filho, enfureceu-se.

– Traidor! Judas! Ingrato, filho rebelde! Sucumbirás por minhas mãos! – rugiu, lançando-se contra o filho.

– O Senhor julgará qual de nós é o traidor e o Judas! – replicou Otton, aparando o golpe.

Mas Kolytchev-Tchorny rapidamente o afastou.

– Para trás, Boris! Por mais que um pai seja culpado, não deve o filho levantar o braço contra ele. É meu o dever de castigar o verdugo e assassino de minha esposa!

Os adversários lançaram-se furiosamente uns contra os outros, e, entre eles, começou uma batalha desesperada. Em volta deles, transcorria uma luta ensandecida, que se convertia numa carnificina. Os livônios não puderam recuar em tempo, e, quando se esforçavam para alcançar a saída da passagem subterrânea, uma das travas de ferro maciço bateu na parede e obstruiu a passagem. Não havia força que conseguisse movê-la do lugar.

A batalha de Barenkhaupt com o voivoda desenvolvia-se equilibrada. Ambos os adversários haviam recebido alguns ferimentos e sangravam. Mais eis que Kolytchev-Tchorny, com um golpe furioso, quebrou a espada do cavaleiro e enterrou-lhe a sua no peito. Henry gritou selvagemente e caiu. Kolytchev--Tchorny lançou-se para acabar com ele, mas o agonizante, com uma força inacreditável, puxou o punhal e cravou-o até o cabo na garganta de seu adversário.

A morte dos dois principais personagens do drama mal foi notada no fragor da batalha. Os combatentes empurravam-se na passagem estreita, arquejando, em decorrência do ar viciado e da fumaça dos archotes apagados. Não havia clemência para ninguém; em pouco tempo, no subterrâneo, restavam somente mortos e vários feridos, inclusive Boris e Nikita, o amestrador de falcões. A duras penas, arrastaram o corpo de Kolytchev-Tchorny para a saída, de onde, graças à ajuda de alguns criados, foi transladado para casa.

Natacha e os irmãos ficaram desesperados ao saber que o pai fora morto e que Boris encontrava-se gravemente ferido.

Tendo sido avisado por um mensageiro, o velho Lodygin foi até lá e, pegando Boris com o restante da família, levou-os a Novgorod. Ali, graças aos cuidados abnegados da velha Irina e de Natacha, o ferido começou aos poucos a melhorar, mas muito tempo passou para que sua saúde se restabelecesse em definitivo.

A morte do adorado Ivan Andreievitch e os fins trágicos da mãe e de Barenkhaupt – que, apesar de tudo, era seu pai – transtornaram profundamente a alma sensível de Boris, e somente o amor ardente por Natacha o fez, com o tempo, superar a dor causada pelos acontecimentos fatídicos que tanto haviam perturbado sua juventude.

Três anos haviam-se passado, quando Boris recebeu a permissão para se casar com Natacha. Havia-se tornado russo a tal ponto, que esquecera que, em suas veias, corria o sangue do severo Barenkhaupt. Os cavaleiros livônios – e com eles todos os alemães – haviam-se tornado inimigos para ele.

Entretanto, não houve ocasião para guerrear com eles. Os russos e a Ordem dos cavaleiros haviam assinado um acordo por 50 anos, e entre Narva e Ivangorod estabeleceu-se a paz[4].

---
[4] Após a dissolução da Confederação dos Livônios, em 1561, a região caiu sob domínio sueco, o que favoreceu o desenvolvimento do luteranismo, adotado pelos suecos. Em 1721 foi tomada e anexada à Rússia. (– Nota da editora.)

É certo que os vizinhos, quando possível, não perdiam a oportunidade de se provocarem mutuamente com pequenas hostilidades, mas essas provocações não acarretaram a revogação do acordo de paz, embora as duas margens de Narva, como antes, conservassem um ódio recíproco.

Todos os anos, Boris e a esposa visitavam Ivangorod para rezar no túmulo de seus pais. Um velho guerreiro mutilado, que vigiava os túmulos, contou-lhes que a passagem subterrânea fora tapada em ambos os lados e que ninguém ia até lá porque todos a consideravam amaldiçoada, pois fora aberta pelo ódio e, com maldições e blasfêmias, fora o palco de um assassinato pérfido, e que, no final das contas, servira de sepultura para muitos bravos.

Os livônios haviam arrastado todos os seus mortos e feridos; somente o corpo de Barenkhaupt não fora encontrado em nenhum lugar. Correra o boato de que o diabo o carregara.

Na passagem subterrânea, dizem, acontecem coisas estranhas. De lá, vêm ruídos de armas, gritos e gemidos, e o próprio abismo, denominado "sepultura", é iluminado por uma luz cor de sangue. Alguns afirmam, inclusive, que viram surgir debaixo da terra, tendo na mão a espada desembainhada, o fantasma do cavaleiro, e que ele, como um gato, arrasta-se timidamente ao longo da muralha, seguido por uma sombra branca de cabelos loiros esvoaçantes que, com ambas as mãos, lança-lhe chamas.

O Senhor, dizem as pessoas, entregou a alma criminosa do cavaleiro à vingança de sua vítima.

Quatro séculos se passaram desde o tempo em que aconteceram os fatos descritos por nós[5]. Ivangorod e Narva permanecem, mas, entre os ex-inimigos, reinam a paz e a concórdia. Atualmente, Narva prospera e desenvolve-se pacificamente.

De seu passado tempestuoso, Narva conserva apenas a muralha e a velha torre dentada, ruínas respeitáveis de um tempo remoto, para as quais a geração atual, conhecedora da

---

[5] Esses quatro séculos são contados entre a data inicial dos acontecimentos – 1500 – e a data em que o livro foi escrito – 1900. (Nota da editora.)

dinamite, do vapor e da eletricidade, olha com comiseração, como se fosse um brinquedo de criança.

Ainda existem o abismo denominado "sepulcro" e também a passagem subterrânea aberta por Barenkhaupt, mas a água que se infiltra pouco a pouco já a inundou quase pela metade. O guia que mostra aos turistas o abismo e a galeria não deixa de contar também a lenda do severo cavaleiro e o drama terrível que transcorreu naqueles locais.

Dizem, entretanto, que a alma criminosa de Barenkhaupt ainda não encontrou a paz. É verdade que o cavaleiro não é mais visto, mas, nas escuras noites outonais, sob as abóbadas sombrias da passagem subterrânea, ouvem-se gemidos e sussurros...

Francisco do Espirito Santo Neto
ditado por Hammed

Sócrates afirmava que "ninguém que saiba ou acredite que haja coisas melhores do que as que faz, ou que estão a seu alcance, continua a fazê-las quando conhece a possibilidade de outras melhores". Ser protagonista da própria vida não significa jamais se equivocar; significa, sim, refazer caminhos, reconhecer falhas e erros, e deixar de ser prisioneiro das próprias atitudes. Neste livro de Hammed, você vai descobrir as ferramentas necessárias para conduzir sua história de vida e fazer da existência uma grande oportunidade de aperfeiçoamento.

Filosófico
14x21 cm
176 páginas

Boa Nova Catanduva-SP | (17) 3531.4444 | boanova@boanova.net
Boa Nova São Paulo-SP | (11) 3104.1270 | boanovasp@boanova.net
Boa Nova Sertãozinho-SP | (16) 3946. 2450 | novavisao@boanova.net

QUANDO O AMOR TRIUNFA

Giseti Marques

432 páginas | Romance | 16x23 cm | 978-85-8353-049-7

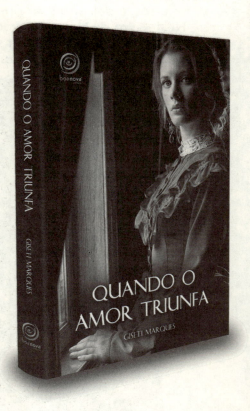

França, século XIX. Em meio à tumultuosa onda de revolta que se levantava no país com o surgimento de uma iminente revolução, o duque Cédric Lefevre, oficial do exército francês, homem duro de coração e com um passado envolto em sofrimento, depara-se com um sentimento que, para ele, até então era desconhecido. Ao ver Charlotte, uma linda jovem, doce e bem diferente das moças da época, o nobre sente seu mundo abalado pelo que agora clama seu coração. Contudo, um acontecimento inesperado trará de volta a amarga realidade à vida do nobre.

Como vencer o orgulho? Como aceitar que a vida nem sempre tem as cores com as quais a pintamos? Intriga, ódio, vingança – esses são alguns dos obstáculos com os quais os personagens deste livro vão se deparar.

Para auxiliar nos contratempos, no entanto, está um sábio espírito na figura de uma criança: Henry, o deficiente e doce irmão de Charlotte, traz a reflexão a todos os que o rodeiam com seus exemplos – atitudes que podem transformar uma existência.

Boa Nova Catanduva-SP | 17 3531.4444 | boanova@boanova.net
Boa Nova São Paulo-SP | 11 3104.1270 | boanovasp@boanova.net
Boa Nova Sertãozinho-SP | 16 3946.2450 | novavisao@boanova.net

Cleber Galhardi

Ideias são componentes essenciais para guiar nossa existência; elas podem nos libertar ou nos manter aprisionados.
Ideias salutares têm o poder de nos transformar e mudar nossa vida. Sem impor verdades absolutas, Ideias que Transformam convida o leitor à reflexão e a buscar novas formas de exergar o mundo e a si mesmo.

Mensagens | 9x13cm | 192 páginas

Boa Nova Catanduva-SP | 17 3531.4444 | boanova@boanova.net
Boa Nova São Paulo-SP | 11 3104.1270 | boanovasp@boanova.net
Boa Nova Sertãozinho-SP | 16 3946.2450 | novavisao@boanova.net

AMBIÇÃO

Assis de Azevedo ditado por João Maria

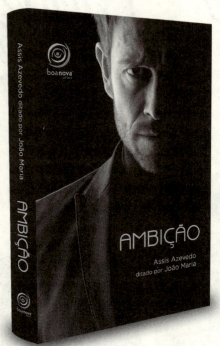

352 páginas | Romance
16x23 cm | 978-85-8353-036-7

Um homem, um sonho! É possível acreditar em um mundo melhor? Em pessoas mais responsáveis? Em valores morais mais nobres? No coração de muitos, há tanta coisa represada! E nós, por questões às vezes meramente materiais, deixamo-nos envolver pelos gritos agitados que o mal alardeia ao nosso redor.
A morte de um megaempresário mexe com o mundo dos poderosos do país, inserindo nesse cenário um ilibado inspetor de polícia, que decide investigar a veracidade dos fatos. Falcão Nobre é um policial conhecido de muitos bandidos e respeitado em seu meio por sua conduta irrepreensível. Dono de sagacidade e coragem incomuns, o policial se vê então envolvido em uma conspiração perigosa, que pode levar um homem ao sucesso ou ao fracasso total.
Traição, egoísmo, intrigas e maledicência são alguns dos componentes que se mesclam neste livro à ambição desmedida de alguns personagens por poder e dinheiro.
Esta obra apresenta também uma reflexão sobre a condição de mudança do homem quando decide, encorajado pela fé, pela esperança e pela vontade, fazer a diferença.
Numa narrativa empolgante e em um clima de suspense, Falcão Nobre busca a verdade e, inesperadamente, ainda poderá encontrar algo que nunca imaginou: o amor.

Boa Nova Catanduva-SP | 17 3531.4444 | boanova@boanova.net
Boa Nova São Paulo-SP | 11 3104.1270 | boanovasp@boanova.net
Boa Nova Sertãozinho-SP | 16 3946.2450 | novavisao@boanova.net